naur

MATTHIAS MALA

SCHNELLE SPIELE GEGEN LANGEWEILE

ReWarnst 10.05

naur

MATTHIAS MALA

SCHNELLE SPIELE GEGEN LANGEWEILE

100 IDEEN FÜR DAHEIM UND UNTERWEGS

www.droemer-knaur.de

INHALT

SPIEL UND SPASS DAHEIM – Spiele für zu Hause

WIE LANGE DAUERT ES NOCH? – Spiele für Wartezeiten

WANN SIND WIR ENDLICH DA? – Spiele für unterwegs

HINAUS MIT EUCH, DIE SONNE SCHEINT! – Spiele im Grünen

VOR DER HAUSTÜR IST WAS LOS – Spiele vor dem Haus

LEISE RIESELT DER SCHNEE – Spiele für die Winterzeit

KOMMT, WIR SPIELE ALLE ZUSAMMEN – Spiele in großer Runde

Kinder können Erwachsene ganz schön piesacken, vor allem dann, wenn sie mit ihrer Zeit nichts anzufangen wissen! »Mir ist so langweilig« ist ein Ausruf, gegen den nur eines hilft: eine gute Spielidee! Doch leider fehlen in solchen Augenblicken oft die passenden Einfälle.

Diesem Manko möchte ich mit den hier zusammengetragenen Spielen abhelfen. Aus Erfahrung weiß ich, dass es nur selten die großartigen Vorschläge sind, die Kinder in solchen Situationen erwarten. Sie wünschen sich viel eher einen Ansporn, um zu ihrer ursprünglichen Ausgelassenheit zurückzufinden. Sie müssen Ihren Kindern also kein Programm bieten, sondern ein, zwei rasch umzusetzende Vorschläge nach dem Motto: »Spiel doch mal ...« oder »Wollen wir nicht mal ... spielen?«. In diesem Sinne habe ich nur solche Spiele ausgewählt, die sich je nach Gegebenheit problemlos und mit jederzeit greifbaren Materialien umsetzen lassen. Zudem habe ich darauf geachtet, dass die hier vorgestellten Spiele auch ohne die Mitwirkung Erwachsener gespielt werden können. Es war mein Anliegen, eher seltene und ungewöhnliche Spiele sowie neu entwickelte Spielideen vorzustellen; die altbekannten Standardspiele kennen Sie schließlich selbst. Und ist die Spiellaune erst einmal angestachelt, sprudeln die weiteren Spielideen meist von selbst.

Matthias Mala

Selbst in einem Palast kann es noch eng werden, wenn sich Kinder und Erwachsene gegenseitig im Weg stehen. »Willst du nicht mal was spielen?« lautet die Frage, mit der bereits Generationen von Kindern ins Kinderzimmer verbannt wurden. Und erfand man als Kind schließlich ein Spiel, wie Türmchen aufbauen und wieder einreißen oder Playmobilmännchen skalpieren, drohten die Erwachsenen mit der nächsten Frage: »Kannst du nicht mal was *anderes* spielen?«. Drehen Sie doch den Spieß einfach um und lassen Sie sich auf ein gemeinsames Spiel ein. Die Spiele in diesem Kapitel taugen ebenso für das kleine Spiel zwischendurch wie für einen kunterbunten Spieleabend.

NUR NICHT ZITTERN

Spieler: mindestens 2
Material: Glas mit Wasser, Flasche, Karton, Dose, Münzen, Knöpfe, Streichhölzer, Steinchen

Geschicklichkeitsspiele wie das bekannte Mikado, bei denen es vor allem auf eine ruhige Hand ankommt, sind bei Kindern und Erwachsenen gleichermaßen beliebt, weil sie trotz aller Geschicklichkeit nicht ohne eine gute Portion Glück zu gewinnen sind. Hier einige Spielideen, die wegen ihrer einfachen Regeln besonderen Spaß machen:

- Zum **Flaschenscheiteln** erhält jeder Spieler mindestens ein Dutzend Streichhölzer. In der Tischmitte steht eine leere Flasche. Reihum legt jedes Kind ein Streichholz auf die Flaschenöffnung. So entsteht allmählich ein wackeliges »Scheiterhäufchen«. Wer beim Auflegen Hölzchen vom Häufchen stößt, muss alle herabgefallenen Hölzchen an sich nehmen. Wer alle Hölzchen ablegen konnte, hat das Spiel gewonnen.

■ Ein handtellergroßer, geschlossener Karton dient als »Wippe«. Er wird als **Affenschaukel** an eine Lampe gehängt. Dazu durch die Kartonmitte einen Faden ziehen, so dass er in der Waagerechten hängt. Die Affenschaukel sollte jedes Kind gut erreichen können. Reihum legen die Spieler ein Streichholz nach dem anderen auf den Karton. Doch aufgepasst: Die Schaukel darf nicht kippen! Schwieriger wird dieses Spiel, wenn es mit Knöpfen oder Nüssen ausgetragen wird, weil dann die Schaukel viel eher wackelt. Wer die Affenschaukel zum Kippen bringt, hat das Spiel verloren.

■ Wer bringt beim **Pegelspiel** das Fass zum Überlaufen? Ein Glas wird fast bis zum Rand mit Wasser gefüllt. Ein Haufen Münzen, Knöpfe oder Steinchen liegt daneben. Reihum darf nun jedes Kind ein Stück davon im Glas versenken. Der Wasserpegel steigt und steigt, bis das Wasser über den Glasrand fließt. Verloren hat, wer die Überschwemmung herbeiführt. Wer schon einige Übung beim Pegelspiel hat, kann eine schwierigere Variante ausprobieren: Jedes Kind bekommt ein Glas mit Wasser und einen Haufen Münzen, Knöpfe oder Steinchen. Bevor das Spiel beginnt, muss nun jedes Kind raten, wie viele Gegenstände das Wasser zum Überlaufen bringen werden. Wer hat richtig geschätzt?

KARTENZUPFEN

Spieler: mindestens 2
Material: Kartenspiel

Breiten Sie ein Kartenspiel auf dem Tisch aus und schieben Sie die Karten zu einem Haufen zusammen. In der Mitte des Haufens errichten Sie ein Dach aus zwei Karten. Anschließend darf reihum ein Kind nach dem anderen eine Karte aus dem Haufen ziehen. Zu Beginn ist dies noch leicht, doch von Mal zu Mal wird es schwieriger, eine Karte herauszuzupfen. Wer das aufgesetzte Kartendach zum Einsturz bringt, hat das Spiel verloren.

ZAHLEN ABWERFEN

Spieler: 2
Material: 2 Würfel, Karton

Würfelglück und ein wenig Taktik sind bei diesem Spiel entscheidend. Zur Spielvorbereitung werden zehn Kärtchen aus einem Karton geschnitten und von 1 bis 10 durchnummeriert. Stattdessen können auch die Spielkarten von Ass bis Zehn verwendet werden. Legen Sie die Kärtchen mit den Ziffern nach oben nebeneinander auf dem Tisch aus. Es wird mit beiden Würfeln gewürfelt. Jeder Spieler versucht nun, die Summe seines Wurfes an den Zahlenkarten abzutragen. Dazu dreht man die Karten um, die zusammen die gleiche Summe wie die Würfelaugen ergeben. Hat ein Kind zum Beispiel 11 Augen geworfen, darf es die 7 und die 4 umdrehen oder die 2, die 3 und die 6 oder eine entsprechend andere Kombination. Von Wurf zu Wurf verringern sich die Möglichkeiten, da immer weniger Zahlenkarten offen aufliegen. Wer seinen Wurf nicht mehr auf die Karten übertragen kann, darf, sofern noch möglich, für die Augen eines Würfels eine Karte umdrehen. Gewonnen hat, wem es gelingt, die letzte Karte umzudrehen.

Variante: Das Spiel lässt sich auch im Wettbewerb austragen. Dann würfelt ein Kind solange hintereinander, bis es keine Karte mehr umdrehen kann. Die restlichen offenen Karten werden als Minuspunkte zusammengezählt. Gewonnen hat, wer nach fünf Runden die wenigsten Punkte gesammelt hat.

DAS GEISTERSPIEL

Spieler: mindestens 2
Material: Kartenspiel, 1 Spielstein für jeden Spieler, Kreide

Das Geistspiel ist ein recht altes Spiel, das besonders in größerer Runde Spaß macht. Das Spielfeld wird mit Kreide auf den Tisch oder auf ein Blatt Papier gezeichnet. Es ist eine

»Scheibe« aus vier Kreisen um einen Mittelpunkt. Sie wird mit geraden Strichen wie eine Torte geteilt, so dass jeder Mitspieler ein Teilstück für sich hat. Die Karten werden gemischt und als verdeckter Stapel aufgelegt.
Reihum zieht nun jeder eine Karte und zeigt sie vor. Das Kind mit der niedrigsten Karte setzt seinen Spielstein an den äußeren Kreis. So geht es nun Zug um Zug, wobei der Spieler mit der jeweils niedrigsten Karte seinen Stein bei jeder Runde ein Feld weiter nach innen rückt. Wer mit seinem Spielstein das Zentrum der Scheibe erreicht, wird zum Geist und darf keine Karte mehr ziehen. Der Clou des Spiels: Mit Geistern darf man auf keinen Fall sprechen! Wer diese Regel nicht beachtet und dennoch ein Wort mit einem Geist wechselt, wird selbst zum Geist. Das Kind, das zuletzt übrig bleibt, hat gewonnen.

KRIEG DER KNÖPFE

Spieler: 2 Mannschaften
Material: eine Hand voll Knöpfe

Hier kommen die gesammelten Knöpfe aus dem Nähkasten ins Spiel. Jede Mannschaft sucht aus der Knopfschachtel unverwechselbare Knöpfe heraus; beispielsweise sucht die

eine Mannschaft nur weiße Knöpfe oder Knöpfe mit zwei Löchern aus, während die andere die bunten oder die mit vier Knopflöchern heraussucht. Die Knöpfe sollten während des Spiels leicht zu unterscheiden sein. Je nach Mannschaftsgröße erhält jeder Spieler ein, zwei oder drei Knöpfe.
Nun bringen die Spieler der beiden Mannschaften abwechselnd ihre Knöpfe ins Spiel: Die Knöpfe dürfen von jeder beliebigen Stelle der Tischkante aus auf die Platte geschossen werden. Dabei darf von Anfang an auf gegnerische Knöpfe gezielt werden. Jeder gegnerische Knopf, der vom Tisch fällt, ist erobert. Schnippt ein Kind eigene Knöpfe vom Tisch, muss es sie im nächsten Durchgang wieder ins Spiel bringen.
Haben alle Spieler ihre Knöpfe ins Spiel gebracht, wird abwechselnd Zug um Zug weitergespielt. Dabei darf jedes Kind pro Zug höchstens so viele Knöpfe anschnippen, wie zuvor jedem Spieler zugeteilt wurden. Schießt es dabei einen Knopf der eigenen Mannschaft vom Tisch, muss es ihn sofort zurücklegen, und die gegnerische Mannschaft kommt zum Zug.
Gewonnen hat die Mannschaft, die zuletzt noch Knöpfe auf dem Tisch hat.

Variante: Das Spiel lässt sich gut mit Schokolinsen spielen. Die eine Mannschaft bekommt die weißen und die andere die rosafarbenen. Gewonnene Linsen dürfen sofort genascht werden.

KARTEN ERKLINGELN

Spieler: mindestens 2
Material: Schlüsselring, Faden, 5 Gläser, Kartenspiel

Bei diesem Spiel klirren Gläser oder Tassen, also sollte das gute Geschirr im Schrank bleiben. Fünf Gläser werden in ausreichendem Abstand voneinander unter der Deckenlampe auf Tisch oder Boden aufgereiht. Unter jedes Glas wird eine Spielkarte mit dem Bild nach oben geschoben. Danach wird ein Schlüsselring mit einem langen Faden so an die Decken-

lampe geknotet, dass er beim Hin- und Herschwingen jedes Glas berühren könnte. Nacheinander darf nun jeder Spieler mit dem Schlüsselring auf die Gläser zielen. Dazu schleudert man ihn so, dass er hinter die Gläser schwingt und, ohne anzustoßen, wieder nach vorne läuft, um dann erst mit seinem Rückschwung gegen ein Glas zu stoßen. Die Karte, die unter dem klingenden Glas liegt, ist gewonnen. Das Kind nimmt sie an sich und schiebt dafür eine neue Karte vom Kartenstoß darunter. Das Spiel dauert so lange, bis ein Kind drei Karten mit dem gleichen Zeichen sammeln konnte.

Eine leckere Variante: Legen Sie statt der Spielkarten kleine Süßigkeiten unter die umgedrehten Gläser.

REGATTA

Spieler: mindestens 2
Material: Strohhalm und Papier für jeden Spieler

Bei dieser Regatta werden die Wellen hoch schlagen, auch wenn die See auf dem Tisch glatt bleibt. Jedes Kind faltet aus einem Bogen Papier seine ganz persönliche Rennjacht. Danach wird die Rennstrecke auf dem Tisch festgelegt. Start- und Ziellinie liegen sich praktischerweise an den Kopfenden gegenüber. Auf dem Tisch werden kleine Flaschen oder Bauklötze als Bojen und Wendemarken verteilt, die es zu umschiffen gilt. Damit sie auch fest verankert bleiben, sollten sie nicht zu leicht sein. Jetzt kann der Startschuss zur Regatta fallen.
Zwei Kinder treten gegeneinander an, wobei die Startlinie des einen die Ziellinie des anderen ist. Für den richtigen Wind sorgen die beiden Kapitäne selbst, indem sie ihr Schiffchen mit einer Brise aus ihrem Strohhalm antreiben. Die Sieger der einzelnen Runden treffen in der nächsten Runde aufeinander, bis am Ende der siegreiche Kapitän feststeht.

TRÖDELDÖDEL

Spieler: mindestens 2
Material: großes Kartenspiel (52 Blatt)

Wer am Ende dieses Ablegespiels noch auf Karten sitzt, wird von den anderen zum »Trödeldödel« ernannt. Will man das nicht auf sich sitzen lassen, fordert man am besten gleich Revanche.
Alle 52 Karten werden reihum verteilt. Es spielt keine Rolle, wenn zum Schluss einige Spieler eine Karte mehr erhalten. Jeder Spieler legt seine Karten in einem verdeckten Packen vor sich ab. Das Kind links neben dem Geber beginnt und deckt die oberste Karte auf. Ein Ass wird offen in die Tischmitte gelegt, alle anderen Karten mit dem Bild nach oben neben den eigenen Packen. Auf ein Ass in der Tischmitte dürfen farbgleiche Karten in absteigender Folge gelegt werden, so folgt auf ein Herz-Ass der Herz-König, dann die Herz-Dame und so fort bis hinab zur Herz-Zwei. Im Verlauf des Spiels dürfen auch Karten auf die Ablagehaufen der Mitspieler gelegt werden, sofern sie farbgleich und in absteigender Folge darauf passen. Reihum zieht ein Kind nach dem anderen eine Karte von seinem verdeckten Packen. Karten, die nicht angelegt werden können, wandern daneben zum Ablagehaufen. Statt vom Packen darf auch die oberste Karte des Ablagehaufens gezogen werden, sofern sie in die Tischmitte oder auf einen anderen Ablagehaufen gespielt werden kann. Wer eine Karte abspielen konnte, darf so lange weitere Karten von seinem Packen oder Ablagehaufen spielen, bis er nicht weiter anlegen kann. Hat ein Spieler seinen Packen aufgebraucht, dreht er seinen Ablagehaufen, ohne ihn zu mischen, als neuen Packen um. Es wird so lange gespielt, bis nur noch ein Spieler – der Trödeldödel – Restkarten besitzt.

SCHNIPP-SCHNAPP

Spieler: mindestens 2
Material: großes Kartenspiel (52 Blatt)

Schnipp-Schnapp ist ein schnelles Spiel, bei dem es meist recht laut zugeht. Schließlich sind alle auf der Jagd nach vielen Karten, denn wer am Ende alle Karten einsacken konnte, hat das Spiel gewonnen.
Spielen mehr als drei Spieler Schnipp-Schnapp, können sie ein zweites Kartenspiel dazumischen. Die Karten werden reihum einzeln ausgeteilt, wobei es keine Rolle spielt, wenn die Verteilung nicht aufgeht. Jedes Kind schiebt seine Karten unbesehen zu einem verdeckten Packen vor sich zusammen. Reihum zieht ein Kind nach dem anderen eine Karte von seinem Packen und stapelt sie davor mit dem Bild nach oben zum Ablagehaufen. Dazu sagt es »Schnipp«. Wichtig ist, die ganze Zeit über alle Ablagehaufen gut zu beobachten. Denn sieht man zwei gleichwertige Karten, beispielsweise zwei Damen oder zwei Neunen, gleichzeitig obenauf liegen, muss man schnell »Schnapp!« rufen. Das Kind, das zuerst »Schnapp!« ruft, hat die Ablagehaufen mit den beiden gleichen Karten gewonnen. Es darf sie einkassieren und mit dem Bild nach unten unter seinen Packen schieben. Rufen zwei Kinder gleichzeitig »Schnapp!«, werden die beiden Stapel in die Tischmitte geschoben. Sobald dann ein Kind die dritte wertgleiche Karte dazu auf einem Ablagestapel sieht, ruft es »Schnapp, schnapp!« und hat alle drei Stapel gewonnen. Ruft ein Kind fälschlicherweise »Schnapp!«, muss es zur Strafe an alle seine Mitspieler eine Karte von seinem Packen abgeben. Sobald ein Kind seinen Packen abgetragen hat, dreht es seinen Ablagehaufen als neuen Packen um.

Variante: Noch rasanter wird das Spiel, wenn alle Kinder gleichzeitig die oberste Karte ihres Packens auf ihren Ablagehaufen spielen.

WÜRFELFRESSER

Spieler: 2–4
Material: 6 Würfel, Würfelbecher, Papier und Stift

Alle spielen gemeinsam gegen den »Würfelfresser« und können darum am Ende auch nur zusammen gewinnen oder verlieren. Als Spielplan werden sechs Kreise aus Papier ausgeschnitten, von 1 bis 6 nummeriert und so ausgelegt, dass sich die Kreise eins bis fünf um die »Sechs« gruppieren. Gespielt wird mit sechs Würfeln. Der erste Spieler würfelt mit dem Würfelbecher über einem der äußeren Kreise. Auf die Sechs darf niemals geworfen werden, denn sie ist der Würfelfresser. Würfel, die ebenso viele Augen wie der Wurfkreis zeigen, bleiben auf dem Kreis liegen.
Alle Sechsen frisst der Würfelfresser in der Mitte. Sie wandern in den Sechserkreis, die restlichen Würfel werden in den Würfelbecher zurückgegeben. Nun ist der nächste Spieler an der Reihe, über einem beliebigen Außenkreis zu würfeln. Bevor er wirft, darf er gefangene Würfel aus dem Rachen des Würfelfressers befreien und in den Würfelbecher werfen. Dafür muss er aber gleichzeitig einen Würfel aus einem der Außenkreise mit in den Würfelbecher geben.

Ein Beispiel:
Lisa hat auf dem Viererkreis eine Vier und eine Sechs geworfen. Die Vier bleibt liegen, die Sechs bekommt der Würfelfresser, die übrigen Würfel wandern in den Würfelbecher. Pit ist an der Reihe. Vor seinem Wurf befreit er die Sechs, indem er sie mit der Vier in den Becher gibt.
Das Spiel wird so lange fortgesetzt, bis entweder alle sechs Würfel im Außenkreis liegen, dann haben die Spieler gewonnen, oder bis der Würfelfresser auch den letzten Würfel schlucken konnte.

PASCH WÜRFELN

Spieler: 2-6
Material: 6 Spielmarken für jeden Spieler, 8 Würfel

Als Pasch werden zwei oder mehr Würfel bezeichnet, die nach einem Wurf alle die gleiche Augenzahl zeigen. Das erste Kind gibt eine Spielmarke in den Pott und würfelt mit allen acht Würfeln. Der längste Pasch des Wurfes zählt. Die entsprechenden Würfel werden in der Tischmitte aufgereiht. Liegen zwei oder drei gleich lange Paschs auf, darf das Kind wählen, welchen es in die Mitte schiebt. Anschließend wirft der nächste Spieler mit den verbliebenen Würfeln. Alle Würfel, deren Augenzahl dem ausgelegten Pasch entsprechen, werden in die Tischmitte geschoben. Für die restlichen Würfel muss pro Würfel eine Spielmarke in den Pott gezahlt werden. Auf diese Weise wird reihum gewürfelt, bis auch der achte Würfel in der Tischmitte landet. Das Kind, dem dieser Wurf gelingt, hat alle Spielmarken aus dem Pott gewonnen. Deshalb macht »Pasch würfeln« mit Gummibärchen als Spielmarken gleich zweimal Spaß.

Spieler: mindestens 1
Material: 1 Tüte Luftballons

Kinder fliegen auf Luftballons und Luftballonspiele. Bekannt sind Spiele wie **Ballontreten** oder **Ballonstechen**. Beim Ballontreten bindet sich jeder Mitspieler einen Ballon ans Bein und versucht, die gegnerischen Ballons zu zertreten. Beim Ballonstechen zielen die Kinder nacheinander mit verbundenen Augen und einer Nadel in der Hand auf einen aufgehängten Ballon.

- Fürs **Ballonbett** wird ein gutes Dutzend Luftballons aufgeblasen. Nun legt sich ein Kind auf den Boden und die anderen Kinder versuchen, ihm die Ballons unterzuschieben, so dass es auf einem Luftkissen liegt. Danach darf das Kind vorsichtig aufstehen, ohne dass ein Ballon platzt. Wer schafft es mit möglichst wenig Knallern?

- Beim **Ballonflug** wirft jedes Kind seinen Ballon hoch und versucht, ihn durch Schlagen und Tippen in der Luft zu halten. Ballons, die auf den Boden fallen, scheiden aus. Wer bleibt bis zuletzt oben? »Ballonflug« können auch zwei Mannschaften gegeneinander spielen. Jede Gruppe erhält dann Ballons in einer Mannschaftsfarbe.

- Ein Eimer oder Papierkorb und sechs lange Nägel werden zum **Ballontragen** benötigt. Das Kind, das an der Reihe ist, hält in jeder Hand drei Nägel zwischen seinen Fingern. Mit diesen »Stachelhänden« versucht es, einen Ballon zu greifen und zum Eimer zu tragen. Wer sammelt die meisten Ballons, und bei wem knallt es am häufigsten?

- Zwei Eimer als Tore und Kochlöffel als Schläger braucht man zum **Ballontreiben**. Die Kinder teilen sich in zwei Mannschaften auf. Mit den Kochlöffeln versuchen sie, einen Ballon im gegnerischen Eimer zu platzieren: Tor!

■ Fürs **Wandballspiel** teilen sich die Kinder in zwei Mannschaften. Jede Gruppe verteidigt eine von zwei gegenüberliegenden Wänden des Zimmers. Stößt der Luftballon an die gegnerische Wand, zählt dies als Tor.

■ Zum Abschluss des kunterbunten Ballontreibens kann man noch ein **Ballonkonzert** veranstalten. Dazu werden Luftballons prall aufgepustet. Dann ziehen alle mit beiden Händen die Tülle ihres Ballons in die Breite und lassen die Luft entweichen. Ein schauerliches Gequietsche ertönt. Wer fabriziert dabei die schrägsten Töne, und wer lässt seinen Ballon am längsten pfeifen?

KASTANIEN AUS DEM FEUER HOLEN

Spieler: mindestens 3
Material: 8 Kastanien oder Murmeln, 2 Augenbinden

Bei diesem Spiel geht es ums Lauschen, Merken und Ertasten. Wer vom letzten Herbst noch Kastanien übrig hat, kann damit das Spiel ganz »originalgetreu« austragen, andernfalls tun es mittelgroße Murmeln auch.
Zwei Kinder sitzen sich mit verbundenen Augen auf Stühlen gegenüber, einige Schritt weit voneinander entfernt. Lassen Sie nun die acht Kastanien einzeln nacheinander auf den Boden fallen, dazu zählen Sie laut bis acht. Bei acht krabbeln beide Spieler los und versuchen, die Kastanien zu finden. Die Aufgabe für jedes Kind lautet, vier Kastanien zu finden und unter seinen Stuhl zu legen. Da die Kastanien jedoch »brandheiß« sind, dürfen sie nur schnippender Weise gerollt werden, damit man sich an ihnen nicht die Finger verbrennt.
Wer zuerst vier Kastanien unter seinen Stuhl kullern konnte, hat gewonnen und darf die Kastanien für die nächste Runde auswerfen.

VON TOR ZUR TOR KNÜLLERN

Spieler: 2
Material: 2 Stühle, 3 Bogen Papier

Wer mag schon Bälle, die nicht richtig rollen und noch nicht mal hüpfen? Nun, bei diesem Spiel sind sie die wahren »Knüller«. Drei Zeitungsseiten werden zu Kugeln geknüllt. Dann wird das Spielfeld abgegrenzt. Die beiden Stühle sind die Tore. Das Kind, das beginnen darf, legt die drei Papierbälle in der Feldmitte zu einem Dreieck aus und vollführt den Anstoß. Dazu schießt es eine Kugel zwischen den beiden anderen hindurch auf sein Tor zu. Danach darf es so lange weiterspielen, bis es einen Fehlschuss macht. Für einen gültigen Schuss muss stets eine der drei Kugeln zwischen den beiden anderen hindurchrollen. Gelingt dies nicht, oder berührt die weggeschnippte Kugel eine andere, oder kullert sie über die ausgemachte Spielfeldbegrenzung hinaus, darf das andere Kind weiterspielen. Die Papierkugeln bleiben dabei liegen, wo sie gerade sind. Ein Tor ist erzielt, sobald eine Kugel zwischen zwei Stuhlbeinen hindurchrollt. Danach wird das Spiel mit erneutem Anstoß fortgesetzt.

KLEINES UND GROSSES KIMSPIEL

Spieler: mindestens 2
Material: verschiedene kleine Gegenstände, Tuch

Genau hinschauen und gut merken ist das Motto der Kimspiele. Da sie sich leicht abwandeln lassen, eignen sie sich sowohl für Gruppenspiele als auch für den kleinen Kreis daheim und unterwegs.

■ Beim **kleinen Kim** breiten Sie ein gutes Dutzend verschiedener Gegenstände auf dem Tisch aus und bedecken sie mit einem Tuch. Danach dürfen die Kinder an den Tisch treten. Mit einem Ruck wird das Tuch weggezogen, und zu sehen

sind zum Beispiel: ein Feuerzeug, ein Teelöffel, ein Salzfass, eine Uhr, ein Kugelschreiber, eine Münze und viele andere Sachen mehr. Nach ein, zwei Minuten decken Sie die Gegenstände wieder zu, und die Kinder zählen auf, was sie alles gesehen haben. Danach wird nachgeschaut, was sie in ihrer Aufzählung vergessen haben. In der nächsten Runde nehmen Sie ein oder zwei Dinge weg. Wer findet zuerst heraus, was fehlt? Anschließend können Sie eine Sache dazulegen. Wer entdeckt sie zuerst?

■ Beim **großen Kim** geht es um »verrückte« Sachen. Ein Kind wird aus dem Zimmer vor die Tür geschickt. In der Zwischenzeit verschieben wir einen Gegenstand, vielleicht stellen wir die Blumenvase auf den Boden, vertauschen zwei Bilder miteinander oder verstecken einen Gegenstand. Anschließend rufen wir das Kind wieder herein. Es darf dreimal raten, was die »verrückte« Sache ist. Und wer richtig rät, darf das nächste Kimrätsel stellen, indem er vor die Tür geht und an sich etwas verändert, zum Beispiel den Gürtel löst, das Hemd verknöpft, die Socken auszieht, sich einen anderen Scheitel zieht, ein Armband anlegt oder einen Ohrring ablegt.

Spieler: beliebig
Material: keines

Kinder lieben es, Wörter zu verdrehen und sich verrückte Sachen zu erzählen. Deshalb mögen sie auch jede Form von Sprachspiel. Sprachspiele lassen sich zudem bei jeder Gelegenheit und in jedem Rahmen spielen.

■ Beim **Gegenteil** erzählen heißt es gut aufpassen, dass man sich nicht verplappert oder falsch deutet. Ein Kind beginnt, indem es beispielsweise zur Decke deutet und sagt: »Das ist der Fußboden.« Das nächste Kind zeigt daraufhin auf den Fußboden und sagt: »Das ist die Decke.« Mit einer neuen Aussage setzt es das Spiel fort, indem es etwa auf sein Ohr zeigt und bemerkt: »Das ist mein Bauch«. Das folgende Kind muss also auf seinen Bauch zeigen und mit »Das ist mein Ohr.« antworten. Wer zu lange zögert oder das falsche Gegenteil benennt oder anzeigt, muss einen Satz rückwärts sprechen; und das hört sich womöglich dann so an: »Nefalscheg ebah chi.«

■ Das **Ja-Nein-Spiel** verleitet dazu, hinterhältige Fragen zu stellen. Für die erste Spielrunde wird festgelegt, dass jede Frage bejaht werden muss. Wer eine Frage verneint, wird zum Geist, und wer mit Geistern spricht oder ihnen eine Frage stellt, wird selbst zum Geist. Gibt es fast nur noch Geister, wechselt man zum Nein-Spiel. Jetzt muss jede Frage verneint werden, und nun werden all Kinder zum Geist, die eine Frage bejahen.

■ Weiter geht es mit dem **Weder-Noch-Spiel**. Hier darf eine Frage weder bejaht noch verneint werden. So könnte etwa ein rothaariges Kind auf die Frage: »Hast du rote Haare?« antworten: »Ich hab noch nicht in den Spiegel geschaut.« Oder: »Ich hab weder blonde Haare noch schwarze Haare.«

■ Beim **Lügenspiel** sollten sich Frage und Antwort ohne Pause abwechseln, nur so kann man einander eine Falle stellen.

Ein Kind fragt, ein anderes antwortet. Allerdings darf auf keine Frage etwas Wahres erwidert werden. Gibt ein Kind aus Versehen eine ehrliche Antwort, muss es die nächsten Fragen stellen. Übersieht das fragende Kind eine wahre Antwort, dürfen die anderen Kinder ihm eine Strafe auferlegen.

■ Eine gereimte Geschichte wird beim **Reimspiel** erzählt. Das erste Kind beginnt mit einem Satz. Das nächste Kind hängt einen Satz an, der sich auf den ersten reimt, und führt die Geschichte mit einem zweiten Satz fort. Zum Beispiel:

1. Kind: *»Peter wollte einmal Ballon fahren.«*

2. Kind: *»Da machte er sich zum Narren. Er blies eine leere Tüte auf.«*

3. Kind: *»Die trug ihn in den Himmel hinauf. Dort stieß er an den Mond.«*

4. Kind: *»Und wisst ihr, wer dort wohnt? Der Bauer, der im Dunkeln pflügt.«*

Die Spieler wechseln sich ab, bis die Geschichte hängt und keiner weiter weiß. Dann darf das nächste Kind sie mit einem neuen Satz, der sich nicht reimt, fortsetzen oder eine neue Geschichte beginnen. Oder man wechselt vom Silbenreim zum Stabreim: Jetzt darf jedes Kind zwei Sätze zur Geschichte beitragen, die sich zwar am Ende nicht zu reimen brauchen, dafür aber mit dem gleichen Laut beginnen müssen.

SEILTANZ

Spieler: mindestens 2
Material: lange Schnur, Augenbinde

Legen Sie eine lange Schnur auf dem Boden aus. Mit ein paar Büchern lässt sie sich leicht an beiden Enden spannen und beschweren, so dass sie auch schnurgerade liegen bleibt. Nun werden dem ersten Kind die Augen verbunden, und es

wird zwei-, dreimal um seine eigene Achse gedreht. Danach wird es an ein Schnurende geführt, damit es von dem einen Ende zum anderen balanciert. Das ist schwieriger, als es klingt. Läuft es dabei aber barfuß, kann es die ausgelegte Schnur zumindest ein wenig ertasten. Tritt das Kind mit seinem ganzen Fuß neben die Schnur, ist es »abgestürzt« und der nächste Spieler ist an der Reihe. Wer schafft die ganze Strecke als Erster fehlerfrei?
In einer nächsten Runde laufen alle ohne Augenbinde über die Schnur. Dafür müssen gleichzeitig ein Besen oder ein Lineal balanciert oder zwei volle Becher Wasser auf einem Tablett getragen werden, ohne etwas zu verschütten.
Der »Seiltanz« lässt sich beliebig variieren. So können Sie zum Beispiel in eine lange Schnur in gleichmäßigen Abständen Knoten knüpfen und sie in Schlangenlinien auslegen, nachdem dem barfüßigen Kind die Augen verbunden wurden. Sich die Schnur entlangtastend, versucht es, möglichst viele Knoten abzulaufen. Oder Sie legen eine große Schlinge am Boden aus. Wer kann nur mit den Füßen den Umriss einer Katze aus der Schlinge zu formen?

FLASCHEN ANGELN

Spieler: mindestens 1
Material: Flasche, Bleistift, armlanger Faden

Wer angelt zuerst die Flasche vom Boden? Knoten Sie einen Bleistift so an einen Faden, dass er in der Waagerechten hängt. Nun wird eine leere Getränkeflasche auf den Boden gelegt, und die Angelei kann beginnen. Ein Kind nach dem anderen versucht nun, mit dem Bleistift an der Leine die Flasche aufzurichten. Dazu muss es zunächst den Bleistift in den Flaschenhals bugsieren und dann die Flasche mit vorsichtigem Zug an der »Angelschnur« in die Senkrechte bringen. Jedes Kind hat drei Versuche hintereinander.

Ob im Wartezimmer, bei Behördengängen, im Flughafen oder Restaurant: Warten schafft nur selten Muße, dafür umso eher Langeweile. »Fingerknobeln«, »Stein, Schere, Papier« oder »Ich sehe was, was du nicht siehst« genügen nur kurz als Ablenkung, dann müssen neue Spielideen aus dem Hut gezaubert werden. Mit den lustigen Spielideen aus diesem Kapitel vertreiben Sie die Langeweile endgültig. Die Kleinigkeiten, die man dafür braucht, hat man in der Regel schnell zur Hand. Und schon kann es losgehen.

FINGERTHEATER

Spieler: mindestens 1
Material: Stift, Taschentuch

Beim Fingertheater darf jedes Kind seine eigene Schauspieltruppe zusammenstellen. Dazu werden mit dem Kugelschreiber verschiedene Gesichter auf die Fingerkuppen gemalt, und schon geht der Vorhang auf. Die Tischkante wird zur Bühne und der Kostümfundus besteht aus ein, zwei Taschentüchern, die um die Finger geschlungen werden. Und wem auf Anhieb keine Geschichte einfällt, der fängt am besten an zu erzählen: »Wie der Kasper einmal warten und warten und warten musste …«
Geschickte Fingertheaterspieler tragen ihre Stücke übrigens mit höchstens vier Figuren vor, dafür erhalten diese Figuren von Finger zu Finger ein anderes Mienenspiel.

MÜNZEN ERTASTEN

Spieler: mindestens 2
Material: 6 Münzen

Ein Kind nimmt, von den anderen Spielern unbeobachtet, sechs Münzen aus dem Geldbeutel. Diese Münzen drückt es eine nach der anderen seinem Nachbarn unter dem Tisch in die Hand. Dieses Kind betastet die Münzen, und wenn es glaubt, ihren Wert erkannt zu haben, gibt es sie an das nächste Kind weiter. So wandern die Geldstücke nacheinander unterm Tisch von einer Hand zur anderen. Jedes Kind rechnet den Wert der erhaltenen Münzen im Kopf zusammen. Wurden alle sechs Geldstücke reihum durchgereicht, darf jedes Kind sagen, wie hoch seiner Meinung nach der Betrag ist, der durch seine Hände gegangen ist. Das Kind, das der tatsächlichen Summe am nächsten kommt, hat das Spiel gewonnen. Es darf für die nächste Runde sechs neue Münzen aus dem Geldbeutel nehmen.

AUTORENNEN

Spieler: mindestens 1
Material: Papier und Stift, Centstück, Zeitschrift als Unterlage

Wie wäre es mit einem »Autorennen« auf dem Papier? Ein Centstück wird zum »Rennwagen«, die centbreite Rennstrecke wird mit ein paar schönen Kurven auf einen Bogen Papier gezeichnet. Dann darf ein Kind das Blatt zusammen mit einer Zeitschrift als Unterlage in beide Hände nehmen. Setzen Sie nun den Cent auf die Start- und Ziellinie. Mit schüttelnden und stoßenden Bewegungen bringt das Kind den »Rennwagen« in Fahrt und ver-

sucht, ihn über die Rennstrecke zu lenken. Wer passiert den Kurs mit den wenigsten Fehlern? Geübte Spieler können auch hintereinander um die Wette rasen. Dazu benötigen Sie nur eine Uhr mit Sekundenzeiger, um den Schnellsten zu ermitteln.

TÜTENBALL

Spieler: mindestens 1
Material: Zeitung

Bei diesem Spielt sollte man gut werfen und geschickt fangen können. Für jeden Mitspieler wird aus einer Zeitungsseite eine Spitztüte gedreht. Knicken Sie die Spitze um, damit die Tüte mehr Halt hat. Ein weiteres Stück Zeitungspapier wird zu einem Ball geknüllt. Der erste Spieler legt den Ball in seine Tüte und schleudert ihn damit dem nächsten zu, der ihn mit seiner Tüte zu fangen versucht.
Wer will, kann das Spiel nach Punkten spielen. Schöner ist es jedoch, wenn der Ball so geworfen wird, dass er auch gefangen werden kann. Spielen viele Kinder mit, können zwei Mannschaften gebildet werden. Gewonnen hat dann die Mannschaft, die in einer vorher festgelegten Zeit den Papierball am seltensten fallen gelassen hat. - Alleinspieler drehen sich zwei Tüten, nehmen in jede Hand eine und üben sich in den verschiedensten Kunststückchen mit dem Papierball.

FÜNF RÜBER

Spieler: mindestens 1
Material: 5 Zehncentstücke

Dies ist ein Geschicklichkeitsspiel, bei dem sich manches Kind oft bücken muss, bis es endlich auf den richtigen Dreh kommt. Und so geht der Trick: Beide Hände ausstrecken, die Handflächen zeigen nach oben. Auf jede der fünf Fingerkup-

pen der rechten Hand wird eine Münze gelegt. Und dann heißt es aufgepasst! Die rechte Hand mitsamt den Münzen mit Schwung zur linken Hand führen. Ist der Trick gelungen, hält das Kind die Geldstücke nun zwischen den Fingerspitzen beider Hände. Und weil am Anfang doch die meisten Münzen auf den Boden fallen, fängt man am besten nur mit einem Geldstück auf dem Daumen an. Nach und nach kann man dann die anderen Fingerkuppen hinzunehmen. – Wer schon ein Meister in »Fünf rüber« ist, probiert den Trick auch anders herum: Die Münzen werden auf die Fingerkuppen der linken Hand gelegt. Ein klarer Vorteil für Linkshänder!

STREICHHOLZMIKADO

Spieler: mindestens 2
Material: 1 Schachtel Streichhölzer, Papierstreifen

Nur nicht zittern heißt es beim Streichholzmikado. Doch während beim richtigen Mikado Hölzchen aus einem Haufen gezogen werden, werden hier Hölzchen zu einem Haufen geschichtet. Aus einem Streifen Papier wird ein zwei Finger hoher Ring gedreht. Dazu falten Sie den Papierstreifen einmal der Länge nach und schlingen ihn den Kanten entlang zu einem Rund ineinander. In diesen Papierring werden alle Streichhölzer aus einer Schachtel mit dem Zündkopf nach oben aufrecht hineingestellt.
Dann zieht reihum ein Kind nach dem anderen ein Hölzchen aus dem Ring und legt es gleich wieder quer auf den stehenden Hölzchen ab. Von Mal zu Mal wird so die Ablage wie auch das Ziehen eines Hölzchen schwieriger. Stößt ein Kind, wenn es am Zug ist, Hölzchen von dem entstehenden Haufen, muss es alle auf den Tisch fallenden an sich nehmen. Wurde schließlich das letzte aufrechte Hölzchen aus dem Ring genommen und abgelegt, darf sich das Kind, das die wenigsten heruntergefallenen Hölzchen an sich nehmen musste, eine Belohnung wünschen.

DOMINOPLAUDEREI

Spieler: mindestens 2
Material: keines

Wie die Steine beim Dominospiel soll sich hier ein Satz an den anderen fügen. Das erste Kind beginnt mit einem beliebigen Satz, etwa: »Mann, mir ist so langweilig, wollen wir nicht was spielen?« Das nächste Kind nimmt das letzte Wort auf und beginnt mit ihm seinen Satz: »Spielen will ich schon, aber noch lieber möchte ich jetzt Pfannkuchen.« Pfannkuchen lautet also das nächste Stichwort, und vielleicht meint ein Kind darauf: »Pfannkuchen esse ich nur mit Zucker.« Und so geht es reihum. Macht ein Kind einen Fehler, muss es ein Pfand geben oder eine Runde lang auf einem Bein stehen. Merken sollte man sich aber auch das erste Wort, mit dem das Spiel begonnen wurde! Im Beispiel lautet es »Mann«. Beendet nämlich ein Kind seinen Satz mit diesem Startwort, indem es etwa sagt: »Zucker mag doch eh kein Mann.«, muss das nächste Kind mit einem neuen Wort eine neue Runde »Dominoplauderei« beginnen. Vergisst es dies, muss es gleichfalls ein Pfand geben oder eine Aufgabe erfüllen.

LANGE WÖRTER

Spieler: mindestens 2
Material: keines

Wer kennt ihn nicht, den Donaudampfschifffahrtskapitän samt der Donaudampfschifffahrtskapitänsmützennäherin. Um ebenso lange, wenn nicht noch längere Wörter dreht sich dieses Spiel, bei dem sich die Kinder sehr gut konzentrieren müssen. Ein Kind sagt beispielsweise »Hühnerhof«. Das nächste Kind verlängert das Wort zum »Hühnerhofzaun«. Einem anderen Kind fällt darauf ein noch längeres Wort mit Hühnerhofzaun ein, nämlich »Hühnerhofmaschendrahtzaun«. Und so wird das Wort durch Einfügen oder Anhängen von

einem Spielzug zum anderen länger und immer länger bis am Ende ein »Hühnerhofmaschendrahtzaunfabriksdirektorenschreibtischsessel« herauskommt. Wer findet so das längste Wort? Und wer kann es ganz schnell sagen, ohne sich zu verhaspeln oder ein Stück zu unterschlagen?

IN DIE ENGE TREIBEN

Spieler: 2
Material: Papier und Stift

Wem gelingt es zuerst, mit geschickt gesetzten Zügen seinen Gegenspieler zu einem Fehler zu verleiten? Ein Kind beginnt, indem es einen nicht zu langen geraden Strich auf das Papier setzt. An das Ende des Striches zeichnet es einen kleinen Kringel. Hierauf setzt das andere Kind seinerseits einen Strich mit Kringel am Ende aufs Papier. Es muss jedoch seinen Strich am zuletzt gemalten Strich beginnen lassen, indem es diesen dicht neben dem Kringel durchkreuzt. In dieser Weise geht es hin und her: geraden Strich mit Kringel am Ende zeichnen, und zwar beim letzten Strich starten und ihn knapp neben dem Kringel kreuzen. Da außer diesen Kreuzungen keine Linie berührt werden darf, versuchen beide Spieler, ihre Striche so zu setzen, dass für das andere Kind immer weniger Platz bleibt – bis es also mit seiner Geraden nicht mehr ausweichen kann. Wer keinen Strich mit Kringel mehr zeichnen kann, ohne eine andere Linie zu berühren, hat das Spiel verloren. Dafür darf es bei der nächsten Runde starten.

PUZZLE

Spieler: mindestens 2
Material: Zeitschrift, Schere

Mit wenigen Schnitten wird jedes beliebige Zeitungsbild im Handumdrehen zu einem Puzzle. Jedes Kind reißt sich ein ganzseitiges Bild aus einer Zeitschrift heraus. Mit drei, vier Zickzackschnitten wird das Bild mit der Schere zerkleinert. Haben alle Kinder ihr Bild zerschnipselt, schiebt jeder sein Häufchen Papier dem Nachbarn zu. Auf »Los!« heißt es dann, die Bilder um die Wette zusammenzusetzen. Wer wird Puzzlekönig?

SONNENSCHEIN FANGEN

Spieler: 2–3
Material: 1 Taschenspiegel für jedes Kind

Jedes Kind bekommt einen Taschenspiegel, mit dem es das Licht auf eine schattige Wand wirft. Ein Kind spielt den Fänger. Es versucht mit seinem Lichtfleck, die anderen zu berühren. Wer auf diese Weise abgeschlagen wird, wird zum neuen Fänger. Doch damit der Fänger auch eine echte Chance hat, wird zuvor die Spielfläche an der Wand eingegrenzt. Huscht ein Kind mit seinem Lichtfleck über die vereinbarte Grenze hinaus, ist es ebenfalls abgeschlagen.

Variante: Ein Kind zeichnet mit seinem Lichtfleck eine Figur oder ein Wort auf die Wand. Die anderen Kinder raten, was mit dem huschenden Lichtpunkt gerade gemalt oder geschrieben wird. Wer richtig rät, darf das nächste Bild zeichnen.

DAS HAB ICH GERN

Spieler: mindestens 2
Material: keines

Vielleicht verrät Ihnen Ihr Kind mit diesem Spiel, was es sich von ganzem Herzen zum Geburtstag wünscht, denn hier geht es um lauter schöne Sachen.
Das jüngste Kind beginnt. Es stellt sich eine Sache vor, die es ganz besonders gerne hat, beispielsweise Schokolade oder Faulenzen. Die anderen sollen nun erraten, woran das Kind denkt und dürfen dazu Fragen stellen. Allerdings dürfen sie nie direkt nach der Sache fragen, sondern müssen um den heißen Brei herumreden, zum Beispiel so: Warum magst du es? Wie oft magst du es? Wann magst du es? Wo magst du es? Wann magst du es nicht? Das befragte Kind antwortet darauf ehrlich, ohne jedoch die Sache selbst zu verraten, an die es denkt. Die anderen Kinder dürfen ihre Fragen so oft sie wollen wiederholen. Da aber das befragte Kind auf die gleiche Frage nie die gleiche Antwort geben darf, ist es so gezwungen, immer mehr von seiner Sache zu verraten. Das Kind, das zuerst errät, was das andere gerne hat, darf in der nächsten Runde ein neues Rätsel aufgeben und sich dazu etwas ganz besonders Schönes vorstellen.

DREI IN EINER REIH

Spieler: mindestens 2
Material: Papier und Stift

Augen auf und aufgepasst! Bei diesem größeren Bruder des bekannten »Tik-Tak-Toe« genügt nämlich schon eine kleine Unaufmerksamkeit, und man hat das Spiel verloren. Zeichnen Sie ein vier mal vier Felder großes Quadrat auf ein Papier. Eine Seite markieren Sie mit einem Doppelstrich als Grundlinie. Ein Kind spielt »Kreuz«, das andere »Kreis«. Wem es

zuerst gelingt, drei seiner Zeichen in einer geraden oder schrägen Reihe direkt nebeneinander zu setzen, hat das Spiel gewonnen. Die Zeichen dürfen jedoch nur auf die Grundlinie oder in ein Feld unmittelbar neben einem bereits vorhandenen Zeichen gesetzt werden. Kein Feld darf zweimal angespielt werden.

WIE SIEHT'S ZU HAUSE AUS?

Spieler: mindestens 2
Material: keines

Dies ist ein Gedächtnisspiel, bei dem man es manchmal gar nicht erwarten kann, rasch wieder nach Hause zu kommen, um zu überprüfen, wer nun das bessere Gedächtnis besitzt. Die Mitspieler befragen sich gegenseitig über die Dinge zu Hause. Beispielsweise:

- *Welche Farbe hat deine Bettwäsche?*
- *Steckt der Schlüssel im Schrank links oder rechts?*
- *Wo steht die Erdbeermarmelade?*
- *Welche Blumen blühen im zweiten Balkonkasten?*
- *Was zeigt das Bild auf dem Bilderbuch?*

Schon beim Ausdenken der Fragen werden sich alle wundern, was sie alles so genau gar nicht wissen. Also, wie sieht's zu Hause aus?

Eine Reise bietet nicht nur Abwechslung und Abenteuer, sondern bedeutet auch Unbequemlichkeit und Stress. »Wann sind wir endlich da?« Diese Frage, zum x-ten Male wiederholt, wirkt deshalb auf Reisen leicht wie eine brennende Lunte am Pulverfass; vor allem dann, wenn man sich selbst nichts sehnlicher wünscht, als endlich anzukommen. Gut, wenn man mit ein paar Spielchen zur rechten Zeit alle bei Laune halten kann! Vor Reiseantritt ausgewählt und vorbereitet, lassen sie sich schnell hervorzaubern. Zusätzlich sollten Sie zur Sicherheit immer einige Utensilien wie Buntstifte und Zeichenblock, Handpuppen oder eine Kordel für Schnurspiele im Handgepäck haben.

AUTONUMMERNSPIELE

Spieler: mindestens 1
Material: Autoatlas, Papier und Stift

Spiele mit Autonummern zählen zu den Standardspielen jeder Autoreise, allerdings lassen sie sich so vielfältig gestalten, dass sie allein schon für eine Reise gut sind. Die entgegenkommenden und überholenden Wagen liefern dabei mit ihren Autonummern die Spielvorlagen.

■ »Woher kommt das Auto?«, lautet die Frage beim **Städtespiel**. Hierbei gilt es, die Ortskennung einer Autonummer zu entschlüsseln. Ein Kind liest beispielsweise »LWL« auf dem Nummernschild eines Autos. Wer zuerst errät, dass dieses Auto aus Ludwigslust kommt, darf das nächste Nummernschild ausrufen. Ein Autoatlas hilft dabei, die Kennzeichen zu bestimmen. In ihm kann man auch als weiteres Spiel, den Heimatkreis des Autos heraussuchen.

Beim Spiel **Schildersätze** werden aus den Buchstaben einer Autonummer Sätze gebildet, wobei jeder Buchstabe der Reihe nach für einen Wortanfang steht. So kann man etwa zur Nummer »SPR-VK« sagen: »Susi plumpst rückwärts vor's Kino.« Wem der albernste Satz einfällt, darf die nächsten Buchstaben ansagen.

Größer oder kleiner? ist ein Wettspiel, bei dem auf die Ziffern der vorbeifahrenden Autonummern geachtet wird. Die letzte Ziffer zählt, und es wird getippt, ob die Endziffer beim nächsten Auto größer oder kleiner ist. Also rufen die Kinder vorher »Größer« oder »Kleiner«. Wer richtig liegt, bekommt einen Punkt, für zehn Punkte gibt es ein Gummibärchen.

Nicht ganz leicht ist die Suche nach **Schilderwörtern**. Für dieses Spiel gibt es verschiedene Varianten. Hier drei Ideen:

1. Unter Verwendung der Buchstaben eines Nummernschildes wird ein Wort gebildet. So kann etwa das Kennzeichen »EBE-RT« zu Lebertran, Treibeis oder Rebensaft werden. Es gewinnt das Kind, dem das kürzeste Wort einfällt, bei dem möglichst wenig Buchstaben hinzugefügt werden müssen.

2. Achten Sie auf jene Ortskennzeichen, an die man nur ein oder zwei Buchstaben anhängen muss, damit ein ganzes Wort auf dem Schild steht. Bei solchen Kennzeichen macht es vor allem Spaß, gemeinsam möglichst viele Wörter zu finden, die man sich ans Auto schrauben könnte. Das »BO« für Bochum ließe sich ergänzen zu Boot, Bock, Bote, Bord, Boa.

3. Bei dieser Variante rufen sich die Spieler zunächst die Buchstaben von fünf Nummernschildern zu. Beispielsweise: WA-ER, SU-LI, AA-PT, NEU-DV und B-KO. Anschließend versucht jeder für sich aus den so gefundenen Buchstaben möglichst viele Vornamen zu bilden. Dazu dürfen nur die angesagten Buchstaben verwendet werden. So sind etwa in unserem Beispiel sowohl »Walter« als auch »Waltraud« gültig, eine »Susi« allerdings nicht, da nur ein »S« im Spiel ist. Wer zuerst zwölf Namen aufschreiben konnte, darf das Spiel stoppen. Danach werden die Namen miteinander verglichen und alle doppelten Lösungen ausgestrichen. Für jeden übrig gebliebenen Namen erhält man einen Punkt gutgeschrieben.

MEIN TRAUMAUTO

Spieler: mindestens 2
Material: Stift und Papier

Ein Kind sagt: »Ich würde gerne einen Porsche fahren!«, und schon schauen alle zum Fenster hinaus, um einen Porsche zu suchen. Wer einen Porsche sieht, ruft: »Da ist einer!« Kommt das Auto dann nahe genug heran, dass man seine Autonummer lesen kann, wird diese aufgeschrieben, und das Kind ist aus dem Spiel. Dann muss das nächste Kind nach einem Porsche Ausschau halten und sich dessen Autonummer notieren. Das Kind, das schließlich den Porsche mit der höchsten Autonummer erspähte, gewinnt. Dies darf dann auch einen neuen Wagentyp für die nächste Runde als sein Traumauto ausrufen.

REISEGESCHICHTEN ERZÄHLEN

Spieler: mindestens 2
Material: Taschentuch

Ein Kind beginnt, eine spannende oder lustige Reisegeschichte zu erzählen. Nun dürfen die anderen ihm reihum ein beliebiges Stichwort zurufen, das sofort in seine Geschichte eingebaut werden muss. Damit das Ganze aber kein wildes Geschrei wird und zudem noch eine komische Geschichte dabei herauskommt, darf nur das Kind ein Stichwort rufen, das das Taschentuch in seiner Hand hält. Es behält außerdem das Tuch so lange bei sich, bis das erzählende Kind das Stichwort in seine Geschichte eingebaut hat. Erst dann wird das Tuch an das nächste Kind weitergereicht. Ist die Reihe durch, darf das nächste Kind die angefangene Geschichte fortsetzen.

Spielvariante: Die Stichworte werden zuvor gesammelt. Jedes Kind nennt dazu eine Sache, von der es gerne hören würde. Der Erzähler muss sie dann der Reihe nach in seiner Geschichte erwähnen.

WAS MACHEN WIR AM MONTAG?

Spieler: mindestens 1
Material: keines

Vorfreude ist die schönste Freude, und darum zählt das Pläneschmieden eigentlich schon zum Urlaubsvergnügen. Bei diesem Spiel dürfen die verrücktesten Einfälle ausgeplaudert werden. Ein Kind fragt: »Was machen wir am Montag?« Darauf gibt das nächste Kind eine Antwort mit M, zum Beispiel »Mondkälber fangen!«, und stellt zugleich die nächste Frage: »Was machen wir am Dienstag?« Das nächste Kind antwortet mit D: »Am Dienstag decken wir Dächer ab!« Und so geht es reihum, bis die ganze Woche verplant ist. Danach geht es mit einer anderen Frage in eine neue Runde. So kann man etwa fragen: »Was essen wir am Montag?«, »Was trinken wir am …?«, »Wen besuchen wir am …?«, »Was spielen wir am …?«

RIESEN RATEN

Spieler: mindestens 2
Material: keines

Wie sieht eigentlich ein echter Riese aus? Nun, wer weiß das schon, da Riesen doch von so unterschiedlicher Gestalt sind. Deshalb darf, wer das Spiel beginnt, ruhig sagen: »Ich habe einen Riesen gesehen, der hatte Beine wie eine Kuh, einen Bart wie eine Fahne und eine Mütze wie eine Kirchturmspitze!« Darauf schauen

alle zum Fenster hinaus und suchen in der Landschaft nach dem Riesen. Wer zuerst eins der drei Riesenmerkmale entdeckt, etwa eine wehende Fahne, ruft: »Da ist der Riese!« und darf zur Belohnung den nächsten Riesen beschreiben. Vielleicht sieht der dann so aus: »Ich habe einen Riesen gesehen, der läuft statt auf Füßen auf sechs Reifen, hat Augen so rot wie ein Auto und Ohren so groß wie Satellitenschüsseln.«

ZUNGENBRECHER

Spieler: mindestens 1
Material: keines

Falls ein Kind erst langsam und dann immer schneller »Brautkleid bleibt Brautkleid und Blaukraut bleibt Blaukraut« sagen kann, dann wird es Zeit, es mit neuen Zungenbrechern zu versuchen. Schließlich sind doch die Versprecher das Lustigste an den Zungenbrechern. Und wem die nachstehende Auswahl nicht mehr genügt, denkt sich selbst neue Zungenbrecher aus.

- *Der Cottbusser Postkutscher putzt den Cottbusser Postkutschkasten.*
- *Zwischen zwei Zwetschgen saßen zwei zwitschernde Schwalben.*
- *Pauls Gaul Saul kaut Kaulquappen.*
- *Clown Klaus klaubt geklaute glitzernde Klunkern auf.*
- *Treibt Eis, heißt's Treibeis, reibt Eis am Treibeis, treibt Treibeis.*
- *Dreckige Traktoren parken paarig vor Parkuhren vor der Traktorenfabrik.*
- *Bald basteln Basken Plastikbasketbälle.*
- *Schmidtchen schiebt zu später Stund' Schweineschnitzel in den Schlund. Schmidtchens Schätzchen schätzt dies sehr: Schmatzt ihr Schmidt, schwätzt er nicht mehr.*

EIN VOGEL SITZT IM NEST

Spieler: mindestens 2
Material: keines

»Ein Vogel sitzt im Nest!« So lautet der erste Satz eines Wörterspiels, bei dem eine Ursachenkette geknüpft werden muss. Das Kind, das beginnt, nennt zuerst ein Wort, mit dem das Spiel zu Ende sein soll. Und zu diesem Ziel darf man sich nun hinplappern. Reihum fügt ein Kind nach dem anderen der Geschichte einen Satz hinzu, wobei jeder neue Satz das letzte Wort aufnimmt und mit einer neuen Ursache verknüpft. Das Kind, welches das vereinbarte Schlusswort als Ursache nennen kann, hat gewonnen und darf die nächste Runde mit einem neuen Zielwort starten. Sagt es zum Beispiel »Mehl«, könnte sich die Kette so anhören: Ein Vogel sitzt im Nest. – Das Nest ist im Baum. – Der Baum ist aus Holz. – Aus dem Holz ist das Mühlrad. – Das Mühlrad treibt die Mühle. – Die Mühle mahlt Mehl!

LÖCHER IN DEN BAUCH FRAGEN

Spieler: mindestens 2
Material: keines

Bei diesem Spiel kann man den anderen nach Lust und Laune Löcher in den Bauch fragen. Dafür darf man aber auch alle möglichen blöden Antworten geben, wenn man nur schnell genug antwortet. Doch nur das Gegenteil der Frage als Antwort zu geben, ist nicht erlaubt. Wem also auf die Frage: »Warum ist die Banane krumm?« nur einfällt: »Weil sie nicht gerade ist«, der muss sich schnell eine andere Antwort einfallen lassen. Ein Kind fragt im Kreis herum, mal diesen und mal jenen Mitspieler. Fällt einem nicht gleich eine Antwort ein, darf das fragende Kind sagen: »Oh, bist du dumm, du musst noch viel lernen, damit du so schlau wirst wie ich. Am besten fängst du gleich damit an und stellst lauter kluge Fragen!«

Damit ist dann dieser Spieler an der Reihe, den anderen Löcher in den Bauch zu fragen. Aber aufgepasst: Keine Frage soll zweimal gestellt werden, und auch jede Antwort darf nur einmal vorkommen. Welches Kind fragt die meisten Löcher in den Bauch?

GRIMASSENGUMMIS

Spieler: mindestens 2
Material: 1 Gummiband für jeden Spieler

Bei diesem Spiel werden die komischsten Faxen gemacht. Und wer zusieht, könnte meinen, hier würde ein Wettstreit im Grimassenschneiden ausgetragen. – Jedes Kind zieht sich ein Gummiband über den Kopf, so dass es über Ohren und Nase gespannt ist. Auf »Los!« versucht jeder Spieler, allein durch die Bewegung seines Gesichts den Gummiring nach unten abzustreifen. Keinesfalls dürfen Arme und Hände zu Hilfe genommen werden. Wem es zuerst gelingt, das Gummi unter das Kinn rutschen zu lassen, der ist in dieser Runde »Meister des Grimassengummis«.

KULLERN

Spieler: mindestens 1
Material: rundes Tablett, 2 Murmeln

Murmeln, Schusser, Klicker oder wie die bunten Glaskugeln noch genannt werden, lassen sich auf einem runden Tablett prima im Kreise drehen. Dies allein verzaubert so manches Kind schon derart, dass es darüber völlig die Zeit vergisst. Zudem finden sich rasch verschiedene Möglichkeiten, wie die Murmeln zu lenken sind. Hier ein paar Geschicklichkeitsaufgaben für zwei Murmeln:

- *Beide Murmeln werden gedreht. Sobald sie sich berühren, soll die vordere Murmel der hinteren davon rollen, bis sie sie, von hinten kommend, wieder einholt. Und schon saust die nun vordere Murmel wieder davon.*
- *Die Murmeln laufen zusammen im Kreis. Dann soll die hintere Murmel die vordere überholen.*
- *Beide Murmeln werden auf dem Tablett hin und her gerollt. Dabei sollen sie möglichst oft gegeneinander prallen. Jeder Stoß zählt. Wer schafft in fünf Minuten die meisten Treffer?*
- *Eine Murmel soll in der Mitte des Tabletts rollen, während die andere am Rand entlangläuft. Stößt die mittlere Murmel an den Rand, ist dies ein Fehler. Wer schafft zuerst drei fehlerfreie Umläufe?*

VERSTECKTE KELLERASSEL

Spieler: mindestens 2
Material: 3 oder 6 Münzen für jeden Spieler, Papier

Kellerasseln verstecken sich gerne unter Steinen. Hier sind sie aus Papier und krabbeln unter Münzen. Jedes Kind erhält drei Münzen und reißt vom Papier ein Stückchen ab. Dann wird reihum gespielt. Ein Kind legt seine Münzen vor sich hin und versteckt unter einer die Kellerassel. Das nächste Kind darf raten, unter welcher Münze sich die Assel verbirgt. Rät es richtig, erhält es einen Punkt. Sofern genügend Münzen da sind, wird der Punkt in Form einer Münze vergeben. Das Kind, das zuerst drei Punkte gewonnen hat, darf bestimmen, ob eine weitere Runde gestartet wird oder ob nun ein anderes Spiel gespielt werden soll.

Variante: Ein der »Kellerassel« ähnliches Knobelspiel wird mit sechs Zündhölzern oder Münzen unter zwei Spielern ausgetragen. Jedes Kind erhält drei Zündhölzer und darf ein, zwei oder drei Hölzchen in seiner rechten Hand verbergen. Anschließend strecken beide ihre rechte Hand vor und raten,

wie viele Hölzchen zusammen in ihren beiden Händen liegen. Das Kind, das richtig geraten hat, gewinnt vom anderen ein Hölzchen. Danach geht es in die nächste Runde. Mehr als drei Hölzchen dürfen nicht versteckt werden. Verloren hat, wer am Ende kein Hölzchen mehr besitzt.

WAS IST IN MEINEM SACK?

Spieler: mindestens 2
Material: Stoffbeutel, verschiedene Gegenstände

Eine leere Streichholzschachtel, ein Parfümfläschchen, eine kleine Puppe, eine Rolle Klebeband, ein Kaffeelöffel und vieles andere mehr wird in einen Stoffbeutel gesteckt. Der Beutel wandert von Hand zu Hand. Jedes Kind tastet von außen einen der Gegenstände ab und rät, was es da wohl befingert. Anschließend darf es die Sache aus dem Beutel ziehen, um zu sehen, ob es richtig geraten hat. Oder ein Kind nach dem anderen rät, was alles im Beutel ist, und erst danach wird geschaut, wer richtig lag. Die Sachen können aber auch heimlich aus einer Wühlkiste heraus einzeln in den Beutel gesteckt werden. Das Kind, das richtig rät, darf dann den Beutel mit einem neuen Gegenstand füllen.

WAS MALST DU DA?

Spieler: mindestens 2
Material: Stift und Papier

Was malst du da? Das möglichst schnell herauszubekommen, macht den Reiz dieses Spiels aus. Also sollte sich die Idee nicht allzu schnell selbst verraten. Angenommen, ein Kind will ein Ausflugsboot am Badestrand zeichnen: Dann beginnt es vielleicht mit den Wolken, malt danach einen Palmzweig von einer großen Palme, dann Kinder im Wasser, bis es all-

mählich vom Schornstein bis zur Reling das Schiff malt. Währenddessen dürfen die Zuschauer raten, was da entsteht und wie das Thema der Zeichnung lautet. Wenn viele Mitspieler dabei sind können sich auch zwei Kinder absprechen und gemeinsam malen. Dann beginnen sie auf einem ganz großen Bogen Papier in verschiedenen Ecken und malen zunächst die Dinge, die scheinbar gar nicht zusammenpassen. Das stiftet Verwirrung! Wer das Rätsel zuerst löst, darf das nächste Bild zeichnen.

KITZELIGE SCHRIFT

Spieler: mindestens 2
Material: keines

»Das ist dir in die Hand geschrieben«, mag man bei diesem Spiel sagen. Doch weil diese »Handschrift« ziemlich kitzelt, ist sie gar nicht so einfach zu entziffern. Ein Kind schreibt einem anderen mit seinem Zeigefinger Buchstabe für Buchstabe ein Wort in die Handfläche. Aber keiner darf gucken! Danach muss das Kind raten, was ihm in die Hand geschrieben wurde. Spielen mehr als zwei Kinder mit, so schreibt jedes Kind der Reihe nach einem anderen das Wort in die Hand. Das letzte Kind darf schließlich ansagen, welches Wort bei ihm angekommen ist. Und meistens ist es ein ganz anderes Wort als das abgeschickte! Noch schwieriger wird's, wenn die Kinder sich einen ganzen Satz in die Hand schreiben. Dazu müssen sie aber vor Spielbeginn ein Zeichen vereinbaren, damit sie wissen, wann ein Wort zu Ende ist und das nächste beginnt.

Kinder halten nicht viel vom Müßiggang der Erwachsenen. Deswegen wird ein sonniger Tag, sei es beim Kaffeetrinken im Garten, beim Spaziergang im Park oder bei der Wanderung im nahen Wald nur mit ein wenig Abwechslung und Zeitvertreib auch für die Jüngeren zu einer runden Sache. Ein paar Stöckchen oder Steine genügen bereits für ein vergnügtes Spiel. Und falls keine rechte Spiellaune aufkommt , lassen Sie die Kinder einfach nach vierblättrigem Klee oder nach Wichteln und Zwergen Ausschau halten. Meist genügt schon eine kleine Anregung, um Kindern die schönsten Spielideen zu entlocken. Und spätestens beim Lagerbauen mit Blattwerk und Ästen verlieren selbst die sprödesten Erwachsenen unter Garantie die Lust am Müßiggang.

KUNTERBUNTE GARTENSPIELE

Eine Wiese und ein Baum sind oft Spielplatz genug, um so richtig zu toben und zu tollen. Und tritt trotzdem mal Leerlauf ein, reicht meist ein Vorschlag, um für weitere Spiellaune zu sorgen. Die folgenden Spielideen eignen sich sowohl für große Parks als auch für kleine Gärten.

■ Fürs **Schneckenrennen** holen Sie den Küchenwecker aus dem Haus. Stecken Sie von Baum zu Baum oder von Zaun zu Zaun eine Rennstrecke ab. Stellen Sie den Wecker so, dass er nach drei Minuten klingelt, und dann heißt es: »Auf die Plätze, fertig, los!« Schon trödeln die Kinder im Schneckentempo dem Ziel entgegen. Denn bei diesem Rennen kommt es nicht darauf an, der Erste zu sein, sondern darauf, möglichst genau zu der festgelegten Zeit das Ziel zu erreichen. Am besten sollte man also gleichzeitig mit dem Rasseln des Weckers die Ziellinie überqueren. Stehen bleiben oder auf die Armbanduhr schauen gilt nicht! Gewonnen hat, wer als Letzter innerhalb der ausgemachten Zeit am Ziel anschlägt.

Um **Steinkörbchen** zu spielen, wird ein Körbchen oder eine Plastiktüte mit einem Bindfaden an einen Ast gehängt. Der Reihe nach legt jedes Kind ein Steinchen hinein – bis der Faden reißt. Das Kind, dem dies geschieht, muss eine Aufgabe erfüllen. Danach geht es in die nächste Runde.

Ein schattiges Stück Wiese braucht man für die **Schattenburg**. Alle Kinder bis auf eines stehen im Schatten, der die Burg darstellt, nur der Schattenfänger steht in der Sonne. Die Kinder in der Burg necken den Schattenfänger, indem sie mal einen Arm oder ein Bein in die Sonne halten. Besonders Mutige springen auch schon mal in die Sonne. Doch Vorsicht! Wem der Schattenfänger auf den Schatten tritt, der muss aus dem Schatten in die Sonne und beim Fangen helfen. Das letzte Kind in der Schattenburg hat gewonnen und darf in der neuen Runde den Schattenfänger spielen.

Wer tritt der Katze auf den Schwanz? Jedes Kind steckt sich eine lange Schnur oder ein großes Tuch als Schwanz hinten in den Hosenbund. Der Schwanz muss ein Stück auf dem Boden schleifen. Dann tollen die Kätzchen über die Wiese und versuchen, sich gegenseitig auf den Schwanz zu treten. Verliert eine Mieze ihren Schwanz, wächst ihr in dieser Runde kein neuer nach. Welches Kind verteidigt bis zum Schluss sein Schwänzchen?

Büchseln mögen Kinder, weil es dabei so schön kracht und scheppert. Es werden zwei Mannschaften gebildet. Auf zwei Hockern oder Kisten werden je zwölf Büchsen aufgestellt. Jede Mannschaft bekommt einen Tennisball, und dann heißt es: »Los!« Mit dem Ball wird so lange auf die Büchsen gezielt, bis auch die letzte vom Hocker gefallen ist. Es wird jeweils von dem Punkt aus geworfen, an dem der Ball nach dem vorigen Wurf liegen blieb. Welche Mannschaft fegt als erste alle Büchsen vom Hocker?

Damit die Spieler bei der **Schatzsuche** auch einen kleinen Schatz finden, muss er zuerst einmal versteckt werden. Die Kinder teilen sich in zwei Gruppen auf und verstecken für

die jeweils andere Gruppe irgendwo im Park einen kleinen Schatz; vielleicht eine Schneekugel oder ein Kistchen mit Murmeln. Danach zeichnen sie eine Schatzkarte, mit der man, sobald man den richtigen Startpunkt entdeckt, den Schatz auch tatsächlich finden kann. Jetzt noch die Karten miteinander tauschen und los geht's zur Schatzjagd.

SCHNUPPERN UND TASTEN

Spieler: mindestens 2
Material: Blüten und Blätter

Es ist gar nicht so einfach, wenn man sich ganz allein auf den Geruchs- und Tastsinn verlassen muss. Für dieses Spiel sammeln die Mitspieler zunächst unterschiedliche Blätter und Blüten. Ein gutes Dutzend genügt bereits. Danach werden einem Kind die Augen verbunden und nacheinander die gesammelten Pflanzenteile in die Hand gegeben. Es darf sie ausgiebig betasten und beschnuppern, ehe es rät, was es sich da gerade unter die Nase hält. Dem Kind, das die meisten Blätter und Blüten erraten konnte, wird von den anderen Kindern ein Kranz aus Gänseblümchen geflochten.

Spielvariante: Größere Gegenstände aus der Natur wie Tannenzapfen, Steine, Pilze, Flechten und Äste sollen allein mit den nackten Füßen bestimmt werden.

RINGELSPIEL

Spieler: mindestens 1
Material: Ring, Ball, Taschentuch, Schnur

Das Ringelspiel basteln Sie aus einem Wurfring und einem kleinen Ball. Hüllen Sie den Ball in ein Taschentuch, binden Sie dieses zu und befestigen Sie es mit etwa einer Armlänge

Schnur am Wurfring. Man kann aber auch eine biegsame Rute zu einem Ring binden und daran mit langem Faden ein Steinchen hängen. Mit einem solchen Ringelspiel lassen sich die verschiedensten Tricks vollführen. Hier ein paar Beispiele, doch Ihren Kindern werden rasch weitere Übungen einfallen.

- *Den Ring mit der Hand halten und den herabhängenden Ball in die Höhe schleudern. Beim Zurückfallen muss der Ball durch den Ring fallen. Hält man den Knoten der Schnur mit dem Daumen am Ring fest, wickelt sich die Schnur um den Ring und wird so von Wurf zu Wurf kürzer. Damit wird aber auch von Mal zu Mal das Fangen schwieriger Wer schafft es als Erster, die Schnur fünfmal um den Ring zu wickeln?*
- *In die Luft geworfen, drehen Ball und Ring Saltos um ihre gemeinsame Achse. Wer wirft drei Saltos auf einmal? Weiterer Schwierigkeitsgrad: Einmal muss das Ringelspiel mit dem Ring geworfen und mit dem Ball gefangen werden, beim nächsten Mal genau umgekehrt.*
- *Auch das Zu- oder Weitwerfen mit dem Ringelspiel hat seine Tücken: Wer schleudert das Ringelspiel am weitesten? Wer schafft beim Zuwerfen die tollsten Dreher? Wer ist der geschickteste Fänger? Der Werfer kann so schon vorher bestimmen, ob das Ringelspiel mit dem Ball, der Schnur oder dem Ring und mit Händen, Armen oder Beinen gefangen werden muss.*
- *Einen Stock in die Erde stecken und mit dem Ringelspiel darauf zielen. Als halber Erfolg zählt, wenn sich das Ringelspiel um den Stock schlingt. Voll ins Schwarze trifft das Kind, dem es gelingt, den Ring über den Stock zu werfen.*

FLECKERL SUCHEN

Spieler: mindestens 2
Material: wenigstens 10 Stoffstücke

Beim »Fleckerl suchen« heißt es, gut aufzupassen, welche Verstecke noch nicht entdeckt wurden, damit man als Sucher im

Vorteil ist. Die Kinder teilen sich in zwei Mannschaften auf. Jede Mannschaft erhält fünf Stoffstücke, die »Fleckerl«. Spielen mehr als zehn Kinder mit, bekommt jedes Kind ein Fleckerl. Die erste Mannschaft steht am Mal und hält sich die Augen zu, sie sind die Sucher. Gemeinsam sprechen sie folgenden Reim:

Tragt die Fleckerl nicht so weit,
denn wir sind jetzt gleich bereit.
Eins, zwei, drei, Flickerei.
Vier, fünf, sechs, sieben,
wir werden alle Fleckerl kriegen.
Acht, neun, zehn,
jetzt wollen wir die Fleckerl sehn.

Anschließend zählen sie noch langsam bis zehn. Währenddessen verstecken die anderen Kinder ihre Fleckerl im näheren Umkreis. Haben die Sucher bis zehn gezählt, dürfen sie mit ihrer Suche beginnen. Die anderen Kinder laufen schnell zum Mal. Sobald sie dort alle versammelt sind, rufen sie den Reim und zählen gleichfalls bis zehn, danach müssen die Sucher ihre Suche augenblicklich einstellen und die gefundenen Fleckerl zum Mal tragen. Jetzt wechseln die Rollen. Nun darf die erste Suchmannschaft ihre Fleckerl verstecken, während sich die anderen Kinder die Augen zuhalten, den Reim rufen, und dann nach den Verstecken suchen.
Es wäre ein Zufall, wenn das Spiel nach der ersten Runde beendet wäre. Also geht es in weitere Runden. Die Mannschaft, die gerade mit Verstecken dran ist, darf sich dazu bis zu fünf der eingesammelten Fleckerl vom Mal nehmen.
In dieser Weise wechseln sich beide Gruppen ab, bis es einer Mannschaft gelingt, auch das letzte verteilte Fleckerl zum Mal zu bringen, so dass dort alle zehn Fleckerl zusammen liegen.

BAUMKEGELN

Spieler: mindestens 1
Material: 10 Stöcke, Stein und Schnur

Dies ist ein Kegelspiel ganz ohne Kegelbahn; man braucht dazu nur einen Platz unter einem Baum. Als Kegel dienen neun ungefähr gleich lange Stöcke, die in Kegelformation angeordnet werden. Dazu werden die Stöcke leicht in die Erde gestoßen. Sie müssen zwar aufrecht stehen, sollten aber bei Berührung auch leicht umfallen. Als Kugel dient ein Stein, der mit einer Schnur an einen Ast über die Stöcke gehängt wird. Der Stein muss so tief hängen, dass er alle Kegelstöcke erreicht. Einen Schritt hinter die Kegel wird ein größerer Stock in den Boden gerammt. Er markiert die Wendemarke. Dann kann es losgehen. Das erste Kind ergreift den Stein und schleudert ihn so, dass er eine Kurve um die Wendemarke zieht und von hinten auf die Kegel stößt. Nur die Kegelstöcke zählen als geworfen, die mit dem ersten Schwung umfallen. Um einen Rückschwung zu vermeiden, sollte der Kegler den Stein nach dem ersten Schwung greifen und anhalten. Für einen gültigen Wurf muss der Stein in jedem Fall die Wendemarke passiert haben. Jeder Spieler darf dreimal hintereinander werfen. Wer wirft die meisten Kegelstöcke um?

IRRGARTEN

Spieler: mindestens 2
Material: Augenbinde

Mit spitzen Ohren und ausgestreckten Händen kommt man sich beim Irrgang näher. Und wer vor lauter Bäumen den Wald nicht mehr sieht, der ist mitten im Spiel.
Ein kleines Wäldchen genügt als Spielplatz. Zwei Spielern werden die Augen verbunden, oder sie versprechen hoch und heilig, nicht zu gucken. Sie stehen in Rufweite zueinander, und auf »Los!« gehen sie aufeinander zu. Dabei gilt es, aufzu-

passen, dass man sich nicht an den Bäumen stößt. Die Spieler orientieren sich durch Zurufe, bis sie sich endlich in die Arme schließen können. Spielen mehrere Kinder mit, können zwei Mannschaften gebildet werden und die überzähligen Mitspieler dürfen in die Rolle der Blindenführer schlüpfen, um die beiden Suchenden vor den Hindernissen zu warnen. Oder aber alle Kinder versuchen, mit geschlossenen Augen in der Mitte des Wäldchens zusammenzufinden.

RINGSTECHEN

Spieler: mindestens 2
Material: Pappscheibe, Draht und Stecken

Schon die alten Ritter haben sich hoch zu Ross beim Ringstechen vergnügt. Doch auch ohne Ross haben heute Kinder damit noch ihren Spaß. In eine runde zwei Hand breite Pappscheibe werden fünf Löcher geschnitten und von 1 bis 5 durchnummeriert. Die Pappscheibe wird etwa in Kopfhöhe mit einem Haken aus Draht an einen Ast gehängt, und zwar so, dass sie sich nach hinten leicht abziehen lässt. Jetzt sprengen die Kinder – wie einst die Ritter – mit Stöcken als Lanzen der Reihe nach auf die Scheibe los. Aus vollem Lauf heraus versuchen sie, ihren Stecken durch eines der Löcher in die Scheibe zu stoßen. Bleibt die Scheibe am Stock hängen, wird der Wert des Loches notiert. Wer erzielt nach sieben Durchgängen die meisten Punkte?

STRÄUSSE SAMMELN

Spieler: mindestens 2
Material: keines

Ein Blumenstrauß für zu Hause ist eine schöne Erinnerung an einen Spaziergang. Wie wäre es, das Blumenpflücken gleich zu einem Spiel zu machen? Zunächst wird gemeinsam ausgemacht, welche Blumen, Gräser und Zweige zu einem Strauß gebunden werden sollen. Ein gutes Dutzend verschiedener Blumen sollte es schon sein. So kann etwa ein Strauß aus Margeriten, Butter-, Korn- und Glockenblumen, Löwenzahn, Mohn, Birkenzweigen, Zittergras, Klee, Spring- und Johanniskraut gesammelt werden. Hat man sich darauf geeinigt, schwärmen alle Kinder zum Blumenpflücken aus. Das Kind, das als erstes alle ausgemachten Blumen pflücken konnte, gewinnt das Spiel und darf den ganzen Strauß mit nach Hause nehmen.

EIN MÄNNLEIN STEHT IM WALDE

Spieler: mindestens 1
Material: keines

Streift man aufmerksam durch Wald und Wiesen, kann man mit etwas Fantasie in Bäumen, Steinen und Furchen Nixen, Zwerge und Riesen entdecken. Warum also nicht einmal aus Steinen, Ästen und Moosen zu all den Wichteln noch ein Männlein dazustellen, das dann die nachfolgenden Wanderer begrüßt. Dazu wird zunächst ein Kreuz aus Ästen gebunden. Lange Grashalme dienen als Schnüre. Das Gerüst wird mit Steinen am Boden stabilisiert und erhält dann mit Laub, Graspolstern und Moos Fülle und Form. Dazwischengesteckte Ästchen geben der Polsterung Halt.
Statt aufrecht stehender Figuren lassen sich auch ganz einfach Fratzen und Fabelwesen aus Kieseln am Wegrand aus-

legen. Wer bei seiner Suche besonders schöne oder absonderlich geformte Steine findet, sollte sie mit nach Hause nehmen, denn aus einer hübschen Steinsammlung lassen sich mit Steinkleber lustige Figuren basteln, die man mit ein wenig Farbe noch verschönern kann.

TÜRMER PRÜGELN

Spieler: 2
Material: armlanger Stock, 8 faustgroße Steine

Keine Sorge, beim »Türmer prügeln« erhält niemand Schläge. Vielmehr wird mit einem armlangen dicken Stock, also einem ordentlichen Prügel, auf Steintürme geworfen. Zunächst suchen die Kinder acht faustgroße Steine. Fünf Steine werden zu einem Turm aufgeschichtet. Einen Schritt davon entfernt wird ein weiterer Turm aus drei Steinen errichtet. Acht Schritte in gerader Linie von beiden Türmen entfernt wird das Wurfmal in den Boden geritzt. Nun darf jedes Kind mit dem Prügel auf die beiden Türme zielen. Für einen gültigen Wurf muss der Prügel zuerst den kleinen Turm treffen, und dann im Weiterflug auch gegen den zweiten Turm prallen. Gelingt ein solcher Wurf, gibt es Punkte. Dazu werden die abgeworfenen Steine des kleinen Turms mit den gefallenen Steinen des größeren Turms multipliziert. Im besten Fall sind also 2 x 4 Punkte zu gewinnen, da die Grundsteine der Türme ja nicht fallen können.

SCHNITZELJAGD

Spieler: mindestens 2
Material: Wollfäden

Schnitzeljagden machen Kindern immer wieder Freude. Es gibt verschiedene Regeln, nach denen eine Schnitzeljagd ausgetragen werden kann. Die nachstehende Regel ist bei Kindern

besonders beliebt: Zwei oder drei Kinder laufen als Fährtenleger voraus, die anderen folgen ihnen mit zehn Minuten Abstand. Die Fährtenleger haben ein Säckchen mit bunten Wollfäden bei sich, mit denen sie die Fährte auslegen. Je nachdem, wo die Jagd ausgetragen wird, können sie die Fäden am Boden ausstreuen, im Gebüsch verteilen, an Laternenpfähle oder Türknäufe binden. Die Markierungen dürfen ruhig in größeren Abständen erfolgen; so wird die Jagd besonders spannend. An Weggabelungen sollte die Richtung jedoch deutlich vorgegeben werden. Haben die Fährtenleger ihr Ziel erreicht, warten sie dort auf ihre Verfolger. Als zusätzliche Aufgabe können sie am Ziel eine Überraschung verstecken, die von den eintreffenden Verfolgern gesucht werden muss. Sollten die Verfolger die Fährtenleger überholen, haben sie die Schnitzeljagd gewonnen.

ÜBER SIEBEN BRÜCKEN SPRINGEN

Spieler: mindestens 2
Material: 1 Stein pro Spieler

Von einem Stein zum anderen springend einen Bach zu überqueren kann – wenn man sich verschätzt und danebentritt – ein sehr nasses Vergnügen werden. Bei diesem Spiel bleiben die Kinder jedoch in jedem Fall trocken, auch wenn am Ende das mutigste Kind über einen sehr breiten Fluss gesprungen ist. Jedes Kind sucht sich

seinen unverwechselbaren Stein, der nicht zu klein sein sollte. Nun stellen sich alle in einer Reihe auf und werfen ihren Stein in Schrittweite von sich und versuchen, ihn dann aus dem Stand heraus zu erreichen. Der Stein muss dabei von einem Fuß bedeckt werden. Wer danebentritt, ist ins Wasser gefallen und scheidet aus. Jedes Kind, das seinen Stein erreichen konnte, wirft ihn von dieser Stelle erneut vor sich. Insgesamt wird siebenmal geworfen. Das Kind, das am weitesten vorwärts gekommen ist, hat den breitesten Fluss übersprungen. Für den Rückweg über den Fluss sammeln sich alle Kinder an der Linie des Gewinners, um ans andere Ufer zurückzuspringen. Wer erreicht oder übertrifft jetzt die alte Startlinie?

DREIER WERFEN

Spieler: mindestens 2
Material: 1 Tennisball für jeden Spieler

»Dreier werfen« lässt sich gut beim Spazierengehen spielen. Jedes Kind hat einen gleichartigen Ball, zum Beispiel einen Tennisball. Von der Startlinie aus wirft jedes Kind seinen Ball aus dem Stand heraus den Weg entlang. Am besten schleudert man den Ball aus dem Arm heraus, damit er möglichst weit fliegt. Von der Stelle aus, an der sein Ball liegen geblieben ist, wirft jedes Kind erneut. Wichtig ist also nicht nur, den Ball weit zu werfen, sondern auch, ihn möglichst lange auskullern zu lassen. Gewonnen hat das Kind, dessen Ball nach drei Würfen am weitesten vom Start entfernt liegt. Dieser Punkt wird dann zur Startlinie für die nächste Runde.

STOCK UND STEIN

Spieler: mindestens 1
Material: Stock und mehrere Steine

Dieses Spiel lässt sich überall dort spielen, wo ein armlanger Ast und ein paar Kieselsteine zu finden sind; also praktisch überall im Freien.
Gemeinsam schlagen die Kinder einen Stock senkrecht in den Boden und platzieren auf der Stockspitze einen Stein. Um den Stock ziehen sie einen Kreis, etwa eine Armlänge im Durchmesser. Aus ein paar Schritt Entfernung zielen sie nun abwechselnd mit Kieselsteinen auf den aufliegenden Stein. Ziel ist es, diesen möglichst so zu treffen, dass er über den Kreis hinausfällt.

Wer zielt am besten? Wer schlägt den Stein am weitesten aus dem Kreis? Und wer trifft aus der größten Entfernung?

SCHIFFCHEN VERSENKEN

Spieler: 2 Mannschaften
Material: Papier, Wasser, Kiesel

Etwas aufbauen und es dann wieder einreißen ist ein Spiel, das nicht nur Kinder gerne spielen. Bei diesem Spiel darf gleich eine ganze Flotte auf Grund gesetzt werden. Beide Mannschaften falten Papierschiffchen aus verschiedenfarbigem Papier. Danach geht es hinaus ins Freie an ein kleines Gewässer. Dort werden die Schiffe ausgesetzt. Sobald sie sich ein Stückchen vom Ufer entfernt haben, werden die Schiffchen mit Kieseln beworfen. Gewonnen hat die Mannschaft, die zuerst alle gegnerischen Schiffe versenken konnte. – Und wem dieses Spiel erst an einem Teich einfällt, der kann Äste mit Gras zu einem kleinen Floß zusammenbinden. Auf das wird dann so lange gezielt, bis es auseinander fällt.

Ein Schwimmbecken, ein Schwimmreifen und ein Wasserball sind für Kinder meist genug, um sich stundenlang im Wasser zu vergnügen. Ein paar Spielideen sorgen für noch mehr Abwechslung:

- Verteilen Sie eine Handvoll Weinkorken als **Fische** auf dem Wasser. Auf »Los!« springen die Kinder ins Wasser und versuchen, möglichst viele Korken an Land zu bringen. Man kann auch vorher festlegen, dass die Korken nur einzeln ans Ufer geschafft werden dürfen oder dass sich die Kinder die Korken beim Sammeln gegenseitig abjagen können.

- Die Kinder stellen sich im Kreis im Wasser auf und fassen sich an den Händen. In der Kreismitte schwimmt ein kleiner Ball. Das ist die **Feuerqualle**. Nun ziehen sich die Kinder gegenseitig an den Armen gegen den Ball. Wer von der Qualle berührt wird, scheidet aus.

- Werfen Sie zum **Wettschwimmen** einen Schwimmreifen oder Stock vom Ufer aus weit ins Wasser. Alle springen ihm nach. Wer erreicht ihn zuerst?

- Ein Kind spielt den **»Weißen Hai«**. Es steckt sich hinten ein weißes Stofftaschentuch mit einem Zipfel in die Badehose. Kinder, die es im Wasser abschlägt, sind von ihm gefressen. Wem es jedoch gelingt, dem »Weißen Hai« das Taschentuch zu entreißen, der hat den Hai erledigt und spielt in der nächsten Runde den »Weißen Hai«.

- Beim **Angeln** sind bis auf ein Kind alle im Wasser. Das Kind am Ufer versucht, mit einem Ball eins der Kinder im Wasser abzuwerfen. Trifft es, wird das getroffene Kind der neue Angler. Wirft der Angler vorbei, wird ihm der Ball von den Fischen mit spöttischen Bemerkungen zurückgeworfen.

■ Jedes Kind faltet sich einen **Papierhut**. Dann gehen alle gemeinsam ins Wasser. Wer schafft es, seinen Hut trocken ans andere Ufer zu bringen?

■ Beim **Fischerstechen** sitzen zwei Kinder auf einer Luftmatratze und tragen einen Zweikampf aus. Das Kind, das zuerst ins Wasser fällt, hat verloren. Das gilt auch dann, wenn es durch den eigenen Schwung von der Matratze purzelt.

■ Beim **Tauchball** tauchen alle Kinder, die im Wasser sind, unter. Nun wirft ein Werfer vom Ufer aus den Ball. Sobald die anderen Kinder wieder auftauchen, ruft er: »Da ist der Ball!« und zeigt in eine Richtung. Freilich muss dies nicht die richtige Richtung sein. Also aufgepasst! Das Kind, das den Ball zuerst erreicht, darf ihn in der nächsten Runde werfen.

■ Ein Kind steht im Wasser und spielt die **Wassernixe**. Die anderen Kinder stehen am Beckenrand oder am Steg und necken die Wassernixe. Sie wedeln ihr mit den Händen vor dem Gesicht herum und rufen dazu: »Wassernixe! Zieh mich in die Pfütze!« Die Wassernixe versucht, die Hände zu ergreifen und die Kinder ins Wasser zu ziehen (Achtung: Das Wasser sollte nicht zu tief sein!). Wer ins Wasser fällt, muss der Nixe beim Fangen helfen. Das Kind, das als letztes im Trockenen bleibt, darf in der nächsten Runde die Wassernixe spielen.

KULLERBURG

Spieler: mindestens 1
Material: Murmeln oder Tischtennisbälle, feuchter Sand

Alle bauen gemeinsam aus feuchtem Sand einen spitzen Berg. Nun wird eine Kullerbahn von der Spitze um den Berg herum bis zu seinem Fuß geformt. Die Bahn darf nicht zu flach sein, damit die Murmeln oder – bei einer sehr großen Burg – die Tennisbälle auch schön rollen. Wer geschickt ist, bohrt ein,

zwei Tunnel durch den Berg. Am Ende rollt die Murmel über eine kleine Schanze. Wessen Murmel fliegt am weitesten?

DAS SIEGFRIEDSPIEL

Spieler: mindestens 2
Material: Sonnencreme oder Fingerfarbe

Der sagenumwobene Siegfried badete in Drachenblut, um unverwundbar zu werden. Tragischerweise aber fiel bei diesem Bad unbemerkt ein Lindenblatt zwischen seine Schultern und blieb dort haften. So konnte das Drachenblut nicht dorthin gelangen. Diese Stelle war fortan Siegfrieds wunder Punkt.
Jedes Kind bekommt einen dicken Klecks Sonnencreme auf den Rücken. Die Creme sollte möglichst fest sein, damit sie nicht von alleine zerläuft. Im Wettstreit versuchen die Kinder dann, sich die Creme vom Rücken zu wischen. Jedes Kind, bei dem man die Sonnencreme nicht mehr sieht, scheidet aus.
Noch lustiger, bunter und fröhlicher wird das Spiel mit Fingerfarbe. Alle Kinder versuchen, den anderen einen Farbtupfer auf den Rücken zu setzen. Jedes so gezeichnete Kind scheidet aus. Nach dem Spiel springen alle zusammen ins Wasser, um sich die Farbe wieder abzuwaschen.

WASSERBOMBEN

Spieler: mindestens 2
Material: Luftballons

Wasserbomben sind kleine, mit Wasser gefüllte Luftballons, mit denen Kinder einen Riesenspaß haben – ob nun zu Hause im Garten, am Strand oder am See. Nur warm sollte es sein, denn ohne Wasserspritzerei geht es bei den Wasserbomben natürlich nie ab! Im Sommer kann eine Wasserbombe bei

vielen Ballspielen den Ball ersetzen: so beim Fangen spielen, beim Fußball oder sogar beim Volleyball. Und alle warten eigentlich nur auf eines: Wann und bei wem platzt die Wasserbombe? Wer ist der begossene Pudel? Hier einige Ideen für Spiele mit Wasserbomben.

- Ein sehr beliebtes Spiel ist **Tratzball**. Zwei oder mehr Kinder werfen sich die Wasserbombe zu. Ein Kind steht zwischen ihnen und versucht, die Wasserbombe zu fangen. Platzt die Bombe, muss das Kind, das sie geworfen hat, einen neuen Ballon füllen und als Fänger in die Mitte.

- Beim **Wasserbombentreiben** werden mehrere Wasserbomben an der Startlinie deponiert. Von dort aus treiben dann zwei gegeneinander spielende Mannschaften jeweils eine Wasserbombe mit Stöcken oder Füßen dem Ziel zu. Platzt eine Bombe, heißt es für die Mannschaft schnell zurück zum Start und die nächste Bombe ins Ziel manövrieren. Wer rollt die meisten Wasserbomben unversehrt über die Ziellinie?

- Beim **Wasserbombenbaumeln** wird der gefüllte Luftballon mit einer Schnur an einen Baum gebunden. Die Kinder schwingen nun die Bombe heftig hin und her. Bei wem platzt der Ballon? Zum Spielende wird der letzte Ballon so hoch in den Baum gehängt, dass man ihn nur noch springend mit Stöcken erreichen kann. Welches Kind bringt die Wasserbombe zum Platzen?

Nicht ohne Grund wird heute viel darüber geklagt, dass die Kinder sich zu wenig bewegen und zu viel Zeit vor dem Fernseher und dem Computer verbringen. Die gemeinsamen Spiele vor dem Haus sind ein wenig in Vergessenheit geraten. Vielleicht erinnern Sie sich noch an die Spiele Ihrer Kindheit und können Ihren Kindern die Regeln erklären. Wenn nicht, dann finden Sie in diesem Kapitel viele Anregungen für die schönsten Spiele direkt vor der Haustür.

KORKENRENNEN

Spieler: mindestens 2
Material: 1 Kronkorken für jeden Spieler, Kreide, Faden

Für dieses Spiel werden unterschiedliche Kronkorken gesammelt, und jedes Kind erhält seinen eigenen, unverwechselbaren »Kronkorken-Flitzer«. Mit Kreide wird eine kurvige »Rennstrecke« aufs Pflaster gemalt, die sich an manchen Stellen auch verengen darf. Die Kronkorken werden am Start aufgereiht, und jedes Kind darf nun reihum mit Daumen und Zeigefinger seinen Flitzer auf die Bahn schnipsen. Zug um Zug geht es dann weiter. Wer mit seinem Flitzer von der Bahn abkommt, muss ihn drei Handspannen weit hinter den letzten zurücksetzen. Und falls ein fremder Flitzer zu schnell wird, darf man ihn mit seinem Korken gezielt aus der Bahn schießen. Er muss sich dann ebenfalls ganz hinten wieder einreihen. Doch Vorsicht! Wer dabei mit aus der Bahn fliegt, findet sich drei Handspannen hinter seinem Gegner wieder. Gewonnen hat, wer zuerst durchs Ziel schießt.

SCHROTTHÄNDLER

Spieler: mindestens 2
Material: 1 Kronkorken für jeden Spieler

Der abgebildete Spielplan wird auf das Pflaster gezeichnet. Die Seitenlänge beträgt etwa eine Schrittlänge. Die Aufgabe für jedes Kind besteht darin, seinen gekennzeichneten Kronkorken über alle Zahlen von der 1 bis zur 13 und wieder zurück zur 1 zu schnippen. Reihum darf jedes Kind einmal schießen. Schnippt es seinen Korken auf das richtige Feld, hat es einen Schuss frei. Die vier Felder rund um die 13 sind die »Schrottplätze«. Bleibt der Korken hier liegen, muss der Besitzer so lange aussetzen, bis ihm ein anderes Kind hilft. Das helfende Kind schlägt dazu mit seinem Korken den fremden Kronkorken vom Schrottplatz. Zur Belohnung darf es auf seinem weiteren Weg so viele Zahlen überspringen, wie die Ziffer im Feld zeigte. Sobald ein Kind mit seinem Korken die 1 erreicht, wird es zum »Schrotthändler«. Ein Schrotthändler zielt nur noch auf fremde Korken. Trifft er einen, darf er noch einmal schießen. Der getroffene Korken muss wieder zurück auf das Feld 1 und von vorne beginnen. Korken, die auf diese Weise fünfmal getroffen wurden, sind aus dem Spiel. Das Kind, das schließlich mit seinem Korken übrig bleibt, ist der beste Schrotthändler.

PETER UND PAUL

Spieler: 2 Mannschaften
Material: keines

Alle Kinder, die bei diesem wilden Fang- und Suchspiel mitmachen wollen, teilen sich in zwei Gruppen, die Gejagten und die Verfolger. Die Verfolger sammeln sich an der einen und die Gejagten an der anderen Häuserecke. Beide Mannschaften können sich noch sehen. Sobald aber die Verfolger rufen: »Peter und Paul, wir klauen euch den Gaul.«, geht die Jagd um den Block los. Die Gejagten rennen davon, und die Verfolger stürmen hinterher. So geht es rundherum, bis eine Gruppe die andere vor sich sieht und damit den Lauf gewinnt. Da die Gejagten nie schnell genug laufen können, um ihre Verfolger von hinten her einzuholen, dürfen sie sich unterwegs in Hauseingängen und Toreinfahrten verstecken. Doch aufgepasst! Was die Gejagten dürfen, dürfen die Verfolger auch; und so kann eine Mannschaft die andere austricksen.

HAGEL

Spieler: mindestens 2
Material: 5 Kiesel für jeden Spieler, Kreide

Am meisten Spaß macht »Hagel« spielen auf Pflastersteinen, weil dort die Steine wegspringen und dadurch das Werfen erschwert wird. Zur Vorbereitung wird ein etwa zwei Schritt großer Kreis auf das Pflaster gemalt. In seine Mitte wird ein faustgroßer Stein mit einem kleinen Stein darauf gelegt. Aus zehn Schritt Abstand zielt ein Kind nach dem anderen mit seinen Kieseln auf den Kreis. Und zwar wirft jedes Kind seine fünf Kiesel mit einem Wurf auf einmal aus seiner Faust. Doch Vorsicht! Ein Kind, das mit seinem Wurf den kleinen Stein vom großen schlägt, scheidet aus. Gewonnen hat das Kind, von dem die meisten Kiesel im Kreis liegen bleiben. Bei Gleichstand entscheidet, wessen Kiesel dem großen Stein am nächsten liegt.

KREUZ UND KREIS

Spieler: mindestens 2
Material: Kreide, Augenbinde

Wer glaubt, auch mit geschlossenen Augen einen Weg zu finden, darf hier sein Talent unter Beweis stellen. Einem Kind werden die Augen verbunden, und falls keine Augenbinde zur Hand ist, muss es hoch und heilig versprechen, nicht zu gucken. Dann geht es mit der Kreide in der Hand neun Schritte geradeaus. Nach dem dritten, fünften und siebten Schritt malt es ein Kreuz auf das Pflaster. Nach dem neunten Schritt dreht es sich um und geht den gleichen Weg wieder zurück. Nun muss es versuchen, mit dem zweiten, vierten und sechsten Schritt um seine zuvor gesetzten Kreuze einen Kreis zu ziehen. Wer am Ende von drei Durchgängen die meisten seiner Kreuze umkreisen konnte, hat das Spiel gewonnen.

HEULER BASTELN UND SCHLEUDERN

Spieler: mindestens 1
Material: Schnur und verschiedene Gegenstände

Kinder lieben es, Geräusche zu machen. Beim »Heuler basteln« können sie mit verschiedenen Gegenständen experimentieren und dabei die seltsamsten Geräusche fabrizieren. Am Schluss bietet sich noch ein Wettstreit im »Heuler schleudern« an. Man knotet einen beliebigen Gegenstand an eine Schnur und schleudert ihn dann heftig durch die Luft. Es entsteht ein unverkennbares Geräusch. Je nachdem, von welcher Beschaffenheit die angebundene Sache ist, zischt, pfeift, jault oder knattert es in der Luft. So fängt etwa ein Stock zu zischen an, ein verzweigter Ast beginnt zu jaulen und eine zertretene Getränkedose knattert, je nachdem, wie sie zurechtgebogen wird. Und ein Stück Gartenschlauch oder eine nach beiden Enden offene Papprolle beginnen, in den verschiedensten Tönen zu singen, sobald man sie unterschiedlich schnell schwingt.

Auf diese Weise können die Kinder ein richtiges »Heulerkonzert« veranstalten. Schleudert man den Heuler und lässt die Schnur los, saust er davon. Daraus kann ein Wettstreit entstehen. Wessen Heuler fliegt am weitesten? Oder wer trifft mit ihm zuerst das verabredete Ziel?

ZWEI HINKELSPIELE

Spieler: mindestens 1
Material: Kiesel, Kreide

Wie man – Steinchen kickend – über »Himmel und Hölle« hopst, weiß landauf, landab wohl jedes Kind. Hier sind zwei Hinkespiele, die zwar weniger bekannt sind, aber ebenso viel Spaß machen.

■ Der **Tannenbaum** lässt sich gut auf Pflasterplatten spielen. Und falls einmal das Pflaster nicht passen sollte, hat man die Kästchen schnell auf den Boden gemalt. Den Stamm bildet die 1, dann folgen 4, 9, 7, 5; in der nächsten Reihe die 2, eine leere Platte und die 3; darüber stehen 6 und 8, und die Spitze bildet die 10 oder eine Null.
Über den Tannenbaum hüpft man der Reihe nach von der 1 bis zur 10 und wieder zurück zur 1. Vor jedem Sprung wird der Kiesel mit dem Fuß in das nächste Kästchen gestoßen. Bleibt der Kiesel im mittleren, leeren Kästchen liegen, darf man ihn von seinem Standkästchen aus mit dem Fuß noch einmal stoßen. Doch Vorsicht! Wer dabei mit seinem Fuß in das Kästchen tritt, beginnt wieder bei der 1. Und wer zu faul zum Zurückspringen ist, darf den Stein von der Null direkt auf die 1 kicken. Dann noch ein Satz und in der 1 stehen bleiben – geschafft!

■ Fürs **Tortenhüpfen** wird ein großer Kreis auf das Pflaster gemalt und wie eine Torte mit vier Strichen in acht Teile geteilt. Jedes Kind zeichnet sich in eines der acht Felder ein Rastplätzchen ein, auf dem es bequem stehen kann. Das Rast-

plätzchen kennzeichnet es mit seinem Buchstaben, damit kein anderes Kind dort Pause macht. Nacheinander hat jedes Kind folgende Aufgaben beim Tortenhüpfen zu bewältigen:

- *Auf beiden Beinen durch den Kreis hüpfen.*
- *Auf einem Bein durch den Kreis hüpfen.*
- *Mit gekreuzten Beinen hüpfen.*
- *Mit geschlossenen Augen über die Felder gehen.*

Wer bei einer Aufgabe auf eine Linie springt, muss für das nächste Kind Platz machen. Wer alle vier Aufgaben geschafft hat, darf sich ein weiteres Rastplätzchen einzeichnen. Diese Rastplätzchen erleichtern zwar die Runde, andererseits machen sie die Aufgabe aber auch schwieriger, weil so immer weniger freier Platz im Hinkehäuschen bleibt.

LOCKVÖGELCHEN

Spieler: mindestens 3
Material: keines

Zunächst wird ein Spielfeld gezeichnet, vielleicht zehn Schritte im Quadrat. Es sollte nicht zu groß sein, denn auf engem Raum macht das Lockvogelfangen am meisten Spaß. Ein Kind steht als Lockvogel auf einem Bein in der Feldmitte; die anderen stehen am Rand. Der Lockvogel ruft: »Fangt mich doch!« und hüpft auf einem Bein davon. Die anderen Kinder laufen in das Feld und versuchen, den einbeinig hüpfenden Lockvogel abzuschlagen. Sie dürfen ihn so oft necken, wie sie wollen. Doch sobald der Lockvogel seinerseits ein Kind abschlägt, das ihm zu nahe kommt, wird er frei. Das abgeschlagene Kind muss dann als neuer Lockvogel in die Mitte, und das Spiel beginnt von vorne. »Aufgepasst!« heißt es allerdings auch am Spielfeldrand, denn wer während des Spiels die Begrenzung übertritt, wird ebenfalls zum neuen Lockvogel.

Spieler: mindestens 2
Material: Ball, Kreide

Wer seinen Ball kräftig und doch mit Gefühl wirft, macht bei diesem Spiel Punkte. Zehn Linien werden mit Kreide in schrittweiten Abständen parallel zu einer Hauswand auf den Asphalt gezogen und von 1 bis 10 durchnummeriert. Allerdings wird statt der 7 eine Null an die entsprechende Linie gemalt. Jedes Kind darf nun den Ball dreimal hintereinander gegen die Hauswand werfen. Die anderen passen genau auf, auf welcher Linie der Ball jeweils zuerst auftippt. Die Summe dieser drei Zahlen ergibt die erzielten Punkte. Wer hat nach drei Durchgängen die meisten Punkte gemacht?
Schwieriger wird das Spiel, wenn zusätzlich an die Hauswand ein Zielkreis gemalt wird. Das werfende Kind muss dann mit seinem Ball zuerst den Zielkreis treffen, damit es überhaupt Punkte erobern kann.

Variante: Gibt es keine geeignete Hauswand, wird Zielprellen gespielt. Dafür zeichnen die Kinder zwischen sich in schrittweiten Abständen drei Linien aufs Pflaster. Jetzt prellen sie sich den Ball so zu, dass er in beiden Feldern auftippt, bevor er gefangen wird.

BALLRUFEN

Spieler: mindestens 3
Material: Ball

Alle Kinder stehen im Halbkreis vor der Hauswand oder in einem Kreis zusammen. In ihrer Mitte steht das Kind mit dem Ball. Es wirft den Ball gegen die Wand oder senkrecht in die Luft und ruft dazu den Namen eines anderen Kindes. Das gerufene Kind muss den Ball noch im Flug fangen, alle anderen Kinder laufen davon. Gelingt es ihm, wirft es den Ball erneut und ruft dabei den Namen eines anderen Kindes. Kann ein gerufenes Kind den Ball nicht fangen, läuft es ihm schnell hinterher, um ihn mit Händen oder Füßen anzuhalten. Danach ruft es laut: »Stopp!«, und alle müssen augenblicklich stehen bleiben. Das Kind darf nun mit dem Ball von der Stelle aus, an der es ihn stoppen konnte, auf ein anderes zielen. Trifft es, tritt dieses Kind als neuer Werfer in den Kreis, und das Spiel beginnt von vorne. Zielt es aber vorbei, muss es sich den Ball erneut schnappen und seinen Mitspielern hinterher jagen, um sie abzuwerfen. Dafür darf es jetzt, wann immer es will, »Stopp« rufen. Jedes Kind, auf das gezielt wird, kann den Ball fangen. Gelingt es ihm, wirft es den Ball wieder in die Höhe und ruft den Namen eines anderen Kindes, das ihn dann fangen muss.

KAISER, KÖNIG, BETTELMANN

Spieler: mindestens 3
Material: Ball, Kreide

Auf dem Boden werden drei schrittgroße Kreise gezogen und beschriftet. Ein Kreis ist für den »Kaiser«, einer für den »König« und einer für den »Bettelmann«. Spielen mehr als drei Kinder zusammen, kann zusätzlich noch je ein Kreis für Bürger, Graf und Edelmann angelegt werden. Jedes Kind besetzt einen Kreis, den es möglichst nicht verlassen sollte. Nun werfen sie sich gegenseitig den Ball zu. Fängt ein Kind den Ball nicht,

muss es ihm hinterherlaufen und dabei seinen Kreis aufgeben. In der Zwischenzeit darf der leere Kreis von einem anderen Kind besetzt werden.

BALLPRELLEN

Spieler: mindestens 2
Material: Ball, Kreide

Ein schrittgroßer Kreis wird mit Kreide auf den Boden gezogen. Beide Kinder stehen sich außerhalb des Kreises gegenüber. Das eine Kind prellt den Ball so, dass er im Kreis aufschlägt und dem anderen entgegenspringt. Dies schlägt den Ball mit der flachen Hand zurück, bevor er ein zweites Mal auf den Boden tippen kann. Der zurückgeprellte Ball muss dabei wieder im Kreis aufspringen. So geht es hin und her. Je einen Fehlerpunkt gibt es, wenn ein Kind den Ball mehr als einmal auftippen lässt oder beim Rückspiel den Kreis nicht trifft oder den Ball fängt, statt ihn zu prellen. »Ballprellen« eignet sich auch als Mannschaftsspiel. Dann stehen sich am Kreis zwei Mannschaften gegenüber, jede Mannschaft aufgereiht in einer Schlange. Das erste Kind in der Reihe beginnt und schlägt den Ball. Danach läuft es ans Ende der Schlange und das nächste Kind ist an der Reihe, so lange bis alle Kinder einmal dran waren. Die Mannschaft mit den meisten Fehlerpunkten verliert.

KLEINE BALLSPIELE

»Kurze Regel, langes Spiel« könnte das Motto für die nachfolgenden Ballspiele lauten.

■ Beim **Ballküssen** stehen sich zwei Kinder einige Schritt voneinander entfernt gegenüber. Jedes Kind hat einen Ball. Beide werfen sich ihren Ball gleichzeitig zu. Ziel ist es, die Bälle so häufig wie möglich im Flug zusammenprallen zu lassen.

Beim **Fliehen** stehen sich zwei oder mehr Kinder in der Mitte zwischen zwei Ziellinien gegenüber. Die Kinder werfen sich den Ball zu. Ein Kind, das den Ball fängt, darf einen Schritt zurückgehen. Lässt es den Ball fallen, muss es einen Schritt vorgehen. Gewonnen hat, wer seine rückwärtige Ziellinie zuerst erreicht.

Zwei oder mehr Kinder stellen sich zum **Abwerfen** etwa zehn Schritte voneinander entfernt auf. Ein Kind der einen Gruppe versucht nun, ein Kind auf der gegenüberliegenden Seite abzuwerfen. Es ruft seinen Namen und zielt. Ein Kind, auf das gezielt wird, muss auf seinem Platz bleiben. Es darf sich aber ducken, in die Luft springen oder zur Seite beugen oder, noch besser, versuchen, den Ball zu fangen. Einen Punkt gibt es für den Werfer nur, wenn der Ball ein Kind berührt und davonspringt. Bei größeren Gruppen ist dieses Kind abgeworfen und scheidet aus.

Eine Menge unterschiedlicher Tricks und Kunststückchen, die von Mal zu Mal schwieriger werden, bieten sich beim **Mauerball**. Mauerball kann allein oder mit anderen Kindern gespielt werden. Der Ball wird gegen die Hausmauer geworfen und beim Zurückprellen gefangen. Dabei kann man verschiedene Figuren vollführen, zum Beispiel:

- *Vor dem Fangen wird dreimal in die Hände geklatscht, oder das Kind dreht sich um seine eigene Achse.*
- *Der Ball wird rückwärts über den Kopf oder durch beide Beine hindurchgeworfen.*
- *Der Ball wird mit den Armen, mit den Ellbogen, mit den gefalteten Händen, mit einer Handfläche oder mit dem Knie gegen die Wand zurückgestoßen.*
- *Der Ball muss vor dem Fangen zwei-, drei- oder viermal aufspringen.*
- *Nach jedem Fangen geht das Kind einen Schritt zurück. Nach zehn Schritten geht es wieder schrittweise auf die Wand zu.*

Kindern ist im Gegensatz zu Erwachsenen eigentlich jedes Wetter recht. Und so klagen sie nur selten über einen zu feuchten, zu warmen, zu kalten oder gar verspäteten Winter. Egal, ob Schnee und Eis willkommene winterliche Abwechslung bieten, ob Zwielicht oder Nebelschwaden die gewohnte Welt verzaubern oder ob man sich bei kaltem Wind und Regen in gemütlicher Häuslichkeit einrichtet: Winterzeit ist stets auch Kinderzeit! Zu kaum einer anderen Zeit sind wir unseren Kindern und unserer eigenen Kindheit so nahe. Und so wird in dieser Zeit bisweilen eine als Pausenfüller gedachte Spielidee zum Anstoß für einen glücklich verspielten Tag bis hin zum Geistertreiben in der Nacht.

SPIELE IM SCHNEE

Verwandelt Frau Holle die Landschaft in ein Wintermärchen, hält es kein Kind mehr im Haus. Schlitten, Ski oder Schlittschuhe werden aus dem Keller geholt, und ab geht es ins Freie. Hat sich der erste Übermut gelegt, ist auch die Frage nicht mehr fern: »Und was spielen wir jetzt?« Hier ein paar winterweiße Vorschläge.

- Ein Winterspaziergang eignet sich prima zum **Fährtenlesen**. Wie sieht die Spur eines Hasen, eines Rehs oder eines Fuchses aus? Welcher Vogel mag hier wohl durchs Unterholz gehüpft sein? Ist das die Tatze eines Wolfes oder eines Hundes? Wo könnte die Höhle des Tieres sein?

- Bei Neuschnee macht das **Fährtenlegen** richtig Spaß. Wer will, kann eine Schnitzeljagd mit Wegzeichnungen im Schnee veranstalten. Ein alter Trick, um seine Verfolger zu verwirren: Die Strecke einfach rückwärts gehen!

Gar nicht so einfach ist es, die **Fußabdrücke** der Freunde im Schnee zu bestimmen. Jedes Kind versteckt sich dazu hinter einem Baum. Der Sucher muss allein an den Fährten erkennen, welches Kind hinter welchem Baum steht. Er darf also nicht nachsehen, sondern muss vor dem Baum stehen bleiben und den Namen nennen. Wer hat dabei das beste Auge?

Beim **Schneeballfangen** rufen die Kinder: »Wer fürchtet sich vorm weißen Mann?!« und laufen zwischen zwei Freimalen hin und her. Der Fänger versucht, die Kinder auf der Strecke mit Schneebällen abzuwerfen. Ein Kind, das getroffen wurde, muss dem Fänger beim Abwerfen helfen. Das Kind, das zuletzt übrig bleibt, spielt als neuer Fänger den »weißen Mann«.

Fürs **Engelspiel** legt sich jedes Kind auf einer Wiese rücklings in den Schnee und bewegt die ausgestreckten Arme und Beine. Steht es dann vorsichtig auf, sieht der Abdruck im Schnee aus, als hätte dort ein Engel gelegen. Hat jedes Kind seinen Abdruck hinterlassen, wird gemeinsam geraten, wie die einzelnen »Engel« im Schnee wohl heißen mögen?

Eine gute Portion Neuschnee braucht man auch fürs **Bildertreten**. Jedes Kind tritt eine Zeichnung in den Schnee, etwa einen Weihnachtsbaum, eine Rakete oder ein Rentier. Die anderen dürfen raten, was das Bild darstellen soll.

Beim **Nachrichtenspiel** teilen sich die Kinder in zwei Gruppen. Die eine Gruppe geht voraus und tritt am Wegrand Wörter in den Schnee, die alle zusammen eine Botschaft, vielleicht ein Gedicht oder ein Winterlied, ergeben. Die andere Gruppe folgt den Spuren der ersten in zehn Minuten Abstand und versucht, deren Botschaft lückenlos zu lesen. Auf dem Heimweg dürfen dann die Verfolger vorausgehen und nun ihrerseits eine Nachricht in den Schnee schreiben.

Für manche winterliche Rutschpartie lohnt es sich auch, gemeinsam eine **Rutschbahn** anzulegen. Alle Kinder zusammen treten den Schnee fest und bespritzen die Rutsch-

bahn mit kaltem Wasser, damit sie schön glatt und eisig wird. Ist die Bahn zu dünn oder zu brüchig, schaufelt man von den Seiten Schnee dazu und festigt ihn mit den Füßen und etwas Wasser. Aber nicht zu viel Wasser verspritzen, sonst schmilzt der Schnee womöglich weg!

■ **Schneelupe** ist ein Spiel zum Staunen. Dazu muss man sich zum Winterspaziergang nur einmal eine Lupe in die Tasche stecken. Beginnt es zu schneien, betrachten wir die Schneeflocken auf Mütze und Mantel durch die Lupe.

RUSSISCH

Spieler: mindestens 2
Material: Eisfläche, 1 Besen oder Stock für jeden, Holzklotz

Manche meinen, »Russisch« sei wie Eishockey ohne Schlittschuhe. Falsch! Denn »Russisch« ist viel lustiger. Falls die Weiher und Seen noch nicht zugefroren sind, kann man sich ebenso gut eine große, breite Rutschbahn in den Schnee trampeln. Zwei Tore werden abgesteckt, und die Kinder teilen sich in zwei Mannschaften. Jedes Kind hat einen Besen oder Stock zum Treiben und als Halt, denn Schlittschuhe sind beim »Russisch« nicht erlaubt – dafür aber glatte Sohlen. Als Puck dient ein Holzklotz. Alles weitere ergibt sich wie von selbst. Beide Mannschaften treiben den Klotz mit Stock oder Besen vor sich her und versuchen, möglichst viele Tore zu schießen. Mehr Regeln braucht man nicht und gibt es auch nicht.

AUF DER SCHNEEBAHN FANGEN

Spieler: mindestens 2

Wenn viele Kinder »Schneebahn fangen« spielen, wird aus der Schneebahn rasch auch eine prima Rutschbahn, auf der man kreuz und quer schlittern kann. Gemeinsam legen die Kinder die Bahn an. Zunächst laufen sie ein größeres Quadrat ab und verbinden dann die Ecken durch zwei diagonale Pfade. Ein Kind spielt den Fänger. Es darf die anderen mit der Hand abschlagen oder mit einem Schneeball abwerfen. Mit einem Schneeball darf der Fänger allerdings nicht über die Pfade hinweg abwerfen, sondern nur auf ein Kind zielen, das auf derselben Geraden vor ihm läuft. Das Kind, das abgeschlagen oder abgeworfen wurde, wird neuer Fänger. Springt ein Kind aus der Bahn, muss es aussetzen, bis ein anderes zum neuen Fänger wird.

NUSSWÜRFELN

Spieler: mindestens 2
Material: Körbchen voller Walnüsse

Die Würfel für dieses Spiel sind drei Nussschalenhälften. Dazu werden zwei Nüsse vorsichtig mit einem Messer geöffnet, damit die Nusshälften unversehrt bleiben. Dann kratzt man aus drei Hälften den Kern heraus, und fertig sind die Nusswürfel. Bevor das erste Kind würfelt, gibt jeder Spieler einen Tipp ab und setzt dabei auf »Buckel« oder »Loch«. Buckel bedeutet, dass nach dem Wurf mindestens zwei Schalenhälften mit dem Rücken nach oben zeigen werden. Bei Loch erwarten wir das Gegenteil. Nun stützt das erste Kind seine Arme auf den Tisch und lässt die drei Nussschalen aus seinen Händen fallen. Jedes Kind, das einen richtigen Tipp abgab, darf

sich aus dem Körbchen eine Nuss nehmen. Wer daneben lag, muss eine gewonnene Nuss ins Körbchen zurücklegen. Ist keine Nuss mehr im Körbchen, ist das Spiel aus, und die gewonnenen Nüsse dürfen geknackt werden.

DAS NUSSBEISSERSPIEL

Spieler: mindestens 2
Material: Säckchen mit Walnüssen

Auch für dieses Spiel werden zwei Würfel aus Nussschalen benötigt. Jedes Kind erhält zwölf Walnüsse. Außerdem werden auf den Tisch drei Häufchen aus Nüssen, die »Weihnachtsmänner«, gelegt: ein kleines Häufchen aus zwei Nüssen, das für den »Esel« steht; eins aus vier Nüssen, es wird »Knecht Ruprecht« genannt; und ein Häufchen aus sechs Nüssen, das den »Nikolaus« darstellt. Nun wird reihum gewürfelt. Wirft ein Kind die beiden Schalen so, dass beide Öffnungen nach oben zeigen, darf es das Nikolaushäufchen an sich nehmen. Liegen die Schalen mit dem Rücken nach oben, hat es den »Knecht Ruprecht« gewonnen. Und fallen die Schalen ungleich, erhält es die Nüsse, die den »Esel« darstellen. Wirft aber ein Kind eine Figur, die nicht mehr auf dem Tisch liegt, muss es das fehlende Häufchen aus seinem eigenen Nussvorrat neu auflegen. Das Kind, das keine Nüsse mehr hat, scheidet aus. Gewonnen hat, wer am Schluss den größten Nussvorrat hat.

DAS MÖRDERSPIEL

Spieler: mindestens 3
Material: für jeden Spieler 2 Spielkarten

Am meisten Spaß macht das Mörderspiel bei Kerzenschein, denn dann erst kann man sich so richtig schön gruseln. Unter

den Spielern geht ein Mörder um. Diesen gilt es zu stellen, bevor er einen selbst um die Ecke bringt. Aus einem Kartenspiel werden für jeden Mitspieler zwei Karten abgezählt. Allerdings darf unter allen Karten nur ein Bube sein: Das Kind, das den Buben zugeteilt bekommt, spielt den Mörder. Die Karten werden gemischt und reihum verdeckt verteilt. Während alle ihre Karten prüfen, darf der Mörder schon seinem Handwerk nachgehen. Er mordet, indem er seine Mitspieler heimlich anblinzelt. Wer angeblinzelt wurde, ist tot und fällt mit grässlichem Gejammer vom Stuhl. Die Überlebenden versuchen fieberhaft, den Mörder zu finden. Wer einen Verdacht hat, ruft laut: »Ich habe einen Verdacht! Wer hilft mir?« Denn um seinen Verdacht aussprechen zu dürfen, muss man einen Mitspieler finden, der den Verdacht mit einem teilt. Erst dann dürfen die beiden Spieler eine Karte des Verdächtigen umdrehen. Stellt sich dabei ihr Verdacht als falsch heraus, muss jeder von beiden eine seiner Karten in die Tischmitte legen. Also Vorsicht mit dem Verdächtigen! Denn wer seine zweite Karte verspielt, darf auch niemanden mehr verdächtigen. Wurde ein Verdacht geäußert, muss der Mörder das Morden vorübergehend einstellen. Er darf erst wieder morden, wenn das Kind keinen Partner findet oder sich der Verdacht als falsch erweist. Übrigens kann zur Ablenkung auch der Mörder einen Verdacht äußern – aber eben nur einmal, da er sich sonst selbst verraten würde.

EINE SCHAUERLICHE GRABBELEI

Spieler: mindestens 3
Material: verschiedene Gegenstände

Spärliches Kerzenlicht sorgt bei diesem Spiel erst für richtig gruselige Stimmung. Alle sitzen um einen Tisch. Ein Kind spielt den Geisterjäger. Es hat zuvor verschiedene Sachen in einer Schüssel gesammelt, die sich im Dunkeln schaurig anfühlen: ein Stück Gurke aus dem Kühlschrank, eine geschälte Kartoffel, eine Tomatenscheibe, ein nasses Stück Seife, ein

raues Blech, eine feuchte Wurzelbürste, eine nasse Schnur und Ähnliches mehr. Die Schüssel ist mit einem Handtuch bedeckt. Verdeckt nimmt der Geisterjäger nach und nach die eingesammelten Schrecklichkeiten aus seiner Schüssel und reicht sie seinem Nachbarn unterm Tisch zu. Der betastet sie mehr oder minder ausführlich, bevor er sie weitergibt.
So wandern die Gegenstände reihum, bis sie wieder beim Geisterjäger ankommen. Und während die Schrecklichkeiten die Runde machen, erzählt der Geisterjäger in einer Geistergeschichte, wie er zu den seltsamen Dingen gekommen ist. Am Ende aber darf jedes Kind raten, was es nun alles tatsächlich in der Hand gehalten hat. Wer errät die meisten Gegenstände?

MONDSTATION

Spieler: mindestens 2
Material: langer Wollfaden

Augen und Ohren wie ein Luchs sollte haben, wer mit in die Mondstation will. Die Mondstation ist ein größerer Kreis, der mit einem Wollfaden auf dem Zimmerboden ausgelegt wird. Die Mondfahrer sammeln sich alle an der Zimmertür. Der Kommandant knipst das Licht aus und sagt dreimal: »Achtung!

Alle Mondfahrer treffen sich in der Mondstation.« Dann macht er das Licht wieder an. In der Zwischenzeit versuchen die anderen Spieler, sich im Dunkeln in die Mondstation zu stellen. Geht das Licht wieder an, sieht jeder sofort, ob er zu den Mondfahrern gehört oder nicht. Kinder, die außerhalb des Kreises blieben, dürfen nun die Mondfahrer testen. Dazu wird das Licht wieder ausgeschaltet. Reihum macht jedes Kind außerhalb der Mondstation ein Geräusch.
Zum Beispiel: ein Buch zuklappen, Kugelschreiber knipsen, mit den Zähnen klappern, Kopf kratzen oder einen Keks essen. Die Mondfahrer raten, was sie hören! Wer falsch rät, muss zu den Geräuschemachern gehen. Das Kind, das als einziger Mondfahrer zum Schluss übrig bleibt, wird in der nächsten Runde Kommandant. Es darf die Mondstation an anderer Stelle und in anderer Form im Zimmer auslegen.

NOCH MEHR SPIELE IM DUNKELN

Zum nächtlichen Herumgeistern muss man Kinder nicht lange auffordern. Schwieriger ist es da schon, die »Geisterei« so weit in Bahnen zu halten, dass sie bei aller Ausgelassenheit nicht allzu chaotisch wird. Deshalb kann es kein Schaden sein, wenn sich die kleinen Geister ein paar Regeln unterwerfen.

Hier einige Spielideen für die Geisterstunde.

■ Was mag wohl ein **Glitschgeist** sein? Nun, eigentlich ist es nicht mehr als ein kalter Waschlappen. Alle Kinder schleichen im dunklen Zimmer herum, und ein Kind spielt den Glitschgeist. Es fährt den anderen Kindern mit dem Waschlappen übers Gesicht oder die Arme und Beine. Wer »Puh!« oder »Hhhh!« ruft oder sonst einen Laut von sich gibt, fürchtet sich vor Geistern. Das Kind aber, das mucksmäuschenstill bleibt, wenn der Glitschgeist es berührt, ist tapfer genug, um neuer Glitschgeist zu werden. Es wird in das »Geheimnis des Waschlappens« eingeweiht, ohne dass die anderen Kinder erfahren, dass ein neuer Glitschgeist unterwegs ist.

Mondschein fangen spielt man am besten im Lichtschein einer Straßenlaterne. Ein Kind ist das Mondkalb und jagt die anderen, indem es versucht, ihnen auf die Schattenköpfe zu treten. Gelingt es ihm, wird das »getretene« Kind zum Mondkalb. Die Dunkelheit schützt vor dem Schattentreter. Doch kann das Mondkalb die flüchtenden Kinder wieder ins Licht ziehen, indem es ruft: »Motte, flieg aus dem Wald! Sonst wirst du das Mondkalb!«

Einen Knoten ins Handtuch – das ist das Mäuschen –, Licht ausschalten, und die **Mäusejagd** kann beginnen. Ein Kind spielt das Kätzchen, es hat eine Taschenlampe in der Hand und will damit das Mäuschen fangen. Die anderen Kinder schleichen im Zimmer umher und verbergen das Mäuschen vor der Katze, indem sie es still und heimlich von Hand zu Hand wandern lassen. Doch jedes Mal, wenn ein Kind das Mäuschen einem anderen in die Hand drücken konnte, muss es »Piep!« sagen, sobald es das Mäuschen nicht mehr hat. Leuchtet die Katze einem Kind ins Gesicht, muss es so lange wie angewurzelt stehen bleiben, bis die Lampe wieder ausgeknipst wird. Das Kind, bei dem die Katze das Mäuschen findet, wird neue Katze.

Beim **Schattenraten** wird ein Betttuch in eine Tür zwischen zwei Zimmern gehängt. Der eine Raum ist beleuchtet, der andere ist dunkel. Die Kinder im hellen Zimmer stellen sich an das Tuch, die Kinder im dunklen Zimmer müssen raten, welches Kind gerade seine Silhouette zeigt. Doch damit die Raterei nicht zu leicht wird, dürfen sich die »Schatten« ein wenig verkleiden. Beide Gruppen wechseln sich mit Schattenspiel und Raten ab. Welche Gruppe errät mehr Darsteller? Wenn alle Darsteller erraten sind, können die Kinder auch versuchen, bekannte Figuren darzustellen und zu erraten, zum Beispiel den Kasper, die Prinzessin, den Lehrer und noch viele andere. Wem fällt die witzigste Figur ein?

Wie soll man nur diesen Haufen Kinder beschäftigen? Mit dieser Frage werden wir nicht nur an Kindergeburtstagen konfrontiert, sondern auch an ganz gewöhnlichen Tagen, an denen das Haus mal wieder voller Kinder ist. Aber auch an Familientagen steht einem oft der Sinn nach einem Spiel in großer Runde. Oft genügt die eine zündende Spielidee, der wie von selbst weitere Einfälle folgen, an denen Kinder und Erwachsene Spaß haben.

SPIELE ZUM PFÄNDERSAMMELN

Spieler: mindestens 4
Material: keines

Spiele zum Pfändersammeln sind doppelt reizvoll und deshalb bei Kindern besonders beliebt. Einmal gilt es, die Aufgabe zu bestehen, um möglichst kein Pfand abgeben zu müssen, und zum anderen gibt es am Ende des Spiels die spannende Runde des Pfänderauslösens. Hier einige Vorschläge für Pfänderspiele.

■ Beim **Pfändersammeln** geht es vor allem darum, möglichst rasch viele Pfänder zu sammeln. Eine Schnur wird zu einem Lasso geknotet und auf dem Tisch ausgelegt. Ein Kind ist der Schlingenzieher, es hält das Ende des Lassos fest. Sagt es: »Die Bank ist auf!«, stellen die anderen Kinder alle einen Finger in die Schlinge. Nun warten alle, bis der Schlingenzieher ruft: »Die Bank ist … zu!«, denn mit dem Wörtchen »zu« dürfen sie ihren Finger wieder zurückziehen. Gleichzeitig wird die Schlinge zugezogen. Wer sich darauf in der Schlinge verfängt, gibt ebenso ein Pfand wie jene Kinder, die ihren Finger bereits zurückgezogen haben, ehe noch das Wörtchen »zu« gefallen ist.

Fürs **Plumpsackraten** benötigt man ein zusammengeknotetes Taschentuch, ein Wollknäuel oder einen kleinen Ball. Die Kinder werfen sich den Plumpsack gegenseitig zu. Wer ihn fängt, muss augenblicklich ein Stichwort zu einem zuvor vereinbarten Thema geben, etwa Blumennamen, europäische Städte oder eine Sache, die mit Urlaub zu tun hat. Wem nicht schnell genug ein passender Begriff einfällt oder wer einen bereits genannten Begriff wiederholt, muss ein Pfand geben. Varianten: Jeder neue Begriff muss mit dem letzten Buchstaben des letzten Stichwortes beginnen. Oder es werden runde oder eckige Dinge gesucht oder zusammengesetzte Wörter wie »Kaffee-Tasse«. Ein Kind, das ein Pfand gegeben hat, darf vor dem Werfen des Plumpsacks eine neue Aufgabe bestimmen, indem es beispielsweise ruft: »Alles, was blau ist, ist gut!« Von da an dürfen nur noch blaue Dinge genannt werden.

Beim **Verhör** sitzen sich die Spieler in zwei Reihen gegenüber. Ein Kind spielt den Kommissar. Er wandert zwischen den Reihen hin und her und stellt mal hier, mal dort seine Fragen. Dabei sieht er das betreffende Kind scharf an, während er dem gegenübersitzenden seinen Rücken zuwendet. Es antwortet jedoch nicht das gefragte Kind, sondern das im Rücken des Kommissars. Macht eins von beiden einen Fehler, muss es ein Pfand abgeben. Dafür darf es dann den Kommissar ablösen und neue Fragen stellen.

Alle Kinder sitzen im Kreis, in der Mitte steht der **Besenhalter**. Er hält einen Besen mit einer Hand fest und sieht sich gemütlich um. Plötzlich ruft er den Namen eines Mitspielers. Gleichzeitig lässt er den Besen los und eilt auf seinen Platz zurück. Das gerufene Kind aber muss aufspringen und den fallenden Besen fangen, bevor er den Boden berührt. Gelingt es ihm, darf es das nächste Kind rufen. Poltert der Besen zu Boden, wird ein Pfand fällig.

Für **Ticktack** werden einem Kind vor der Tür die Augen verbunden. Währenddessen ziehen die anderen Kinder einen Küchenwecker so auf, dass er nach fünf Minuten klingelt, und verstecken ihn gut erreichbar, etwa unter einem Stuhl

oder hinter der Gardine. Anschließend darf das Kind wieder ins Zimmer kommen. Es muss sich nun zu dem tickenden Wecker vortasten. Gelingt es ihm nicht, den Wecker zu finden, bevor er klingelt, muss es ein Pfand abgeben.

■ Zum **Pfänderauslösen** darf reihum ein Kind nach dem anderen seinen Kopf in den Schoß des Pfändersammlers legen und sich auf die Frage: »Was soll das Pfand in meiner Hand?« eine Aufgabe ausdenken. Das Kind, dem das Pfand gehört, muss die Aufgabe sofort erfüllen. Hier ein paar Ideen:

- *ein Lied pfeifen*
- *einen Zungenbrecher fehlerfrei aufsagen*
- *einen Besen balancieren*
- *die Hosentaschen ausleeren und dazu eine Geschichte erzählen*
- *sein Blut herzeigen; dazu wird die Hand vor eine Glühbirne gehalten, so dass sie rot durchleuchtet erscheint*
- *einen Bleistift mit Oberlippe und Nase vom Tisch heben*
- *Chinesisch sprechen*
- *auf drei Fragen mit Ja antworten*
- *eine fürchterliche Grimasse ziehen*
- *vor der Tür bellen wie ein Hund*
- *aus dem Zimmer gehen und nach fünf Minuten verkleidet wieder hereinkommen.*

DER LETZTE MOHIKANER

Spieler: mindestens 4
Material: keines

Bei diesem spannenden Anschleichspiel müssen alle Kinder versprechen, nicht zu blinzeln, weil sie sich sonst selbst den Spaß verderben würden. Alle setzen sich in einem Kreis auf den Boden; die Rücken zeigen in die Kreismitte. Dort sitzt ein

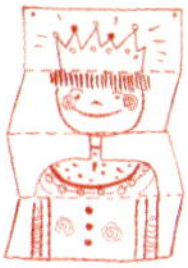

Kind, es spielt den »letzten Mohikaner«. Es schleicht sich möglichst leise von hinten an ein Kind heran, um ihm die Hand auf die Schulter zu legen. Gelingt es ihm, hat es ihn zum neuen Mohikaner gemacht und darf mit ihm den Platz tauschen. Hört jedoch das Kind, wie der letzte Mohikaner sich anschleicht, hebt es seine Hand und sagt: »Friede sei mit dir, mein roter Bruder« (oder »meine rote Schwester«). Der letzte Mohikaner muss sich dann an ein anderes Kind heranschleichen. Sagt jedoch ein Kind diesen Satz, obwohl der letzte Mohikaner ihm gar nicht nachstellte, muss es für den Mohikaner in den Kreis.

LEITHAMMEL ODER SCHREIEN

Spieler: mindestens 4
Material: keines

»Wer hat damit angefangen?« und »Was soll das bedeuten?«, das sind die Fragen, die es hier in zwei Kreisspielen zu lösen gilt, die vor allem dann besonders reizvoll sind, wenn sie im Wechsel gespielt werden.

Ein Kind wird vor die Tür geschickt. Währenddessen bestimmen die anderen einen **»Leithammel«**. Seine Aufgabe ist es, Bewegungen vorzumachen, die die anderen augenblicklich nachmachen. Sobald das Kind vor der Tür wieder hereingerufen wird, zucken und hampeln die anderen auf ihren Plätzen. Mal wackeln sie mit den Köpfen, mal trampeln sie mit den Beinen, mal kratzen sie sich am Kopf. Das hereingerufene Kind soll nun erraten, wer der Anstifter des ganzen Spektakels ist. Hat es schließlich den »Leithammel« entdeckt, muss dieser vor die Tür und darf erst zum »Schreien« wieder hereinkommen.

Fürs **»Schreien«** einigen sich alle auf ein mehrsilbiges Wort, zum Beispiel »Spie-le-a-bend«. Reihum wird jedem Kind eine Silbe dieses Wortes zugeteilt. Dann wird das Kind vor der Tür hereingerufen. Alle zusammen schreien ihm gleichzeitig die zugeteilte Silbe zweimal hintereinander entgegen, also »Spie«, »Le«, »A« und »Bend«. Dann muss das Kind sagen, was es aus dem Gebrüll heraushören konnte. Ist es nicht das richtige Wort, darf es sich noch zweimal anschreien lassen. Hat es danach das gesuchte Wort noch immer nicht gefunden, muss es für eine neue Runde vor die Tür. Je mehr Kinder an dem Spiel teilnehmen, desto schwieriger wird es natürlich für den Ratenden.

HÄNDE HOCH

Spieler: mindestens 4
Material: 1 Münze

Ein Kind spielt den Räuber, alle anderen sitzen im Kreis um den Tisch herum. Sie haben ihre Hände auf dem Tisch. Unter irgendeiner Hand liegt die Münze. Sie ist das Goldstück, hinter dem der Räuber herjagt. Heimlich schieben die Kinder sich die Münze von Hand zu Hand zu. Dabei darf getäuscht

werden! Um den Tisch schleicht der Räuber und beobachtet genau, was mit den Händen geschieht. Meint er zu wissen, unter welcher Hand der Schatz im Moment liegt, tritt er schnell an das betreffende Kind heran und ruft: »Hände hoch!« Das Kind muss dann beide Fäuste (!) hochheben. Es kann also, sofern es geschickt ist, die Münze beim Hochheben seiner Hände noch schnell in einer Faust verbergen. Entdeckt der Räuber jedoch den Schatz, darf er mit dem Kind den Platz tauschen, das nun als neuer Räuber umgeht.

Variante: Der Räuber schleicht um den Tisch und singt dazu einige Male: »Ich bin der Räuber Raubestern und raube euren Schatz so gern«, bis er schließlich stehen bleibt und »Hände hoch!« ruft. Das Kind aber, unter dessen Händen die Münze liegt, springt auf, läuft um den Tisch herum zum Räuber, schlägt ihn ab und versucht vor ihm, die Münze an seinem Platz zu greifen. Der abgeschlagene Räuber jagt indes in die andere Richtung, um sich vor dem Kind die Münze zu schnappen.

KNOPFJAGD

Spieler: mindestens 3
Material: Würfel, Würfelbecher, Bindfaden und für jeden Spieler 4 Knöpfe

Dass »Fangen« spielen am Tisch ebenso spannend und lustig sein kann wie auf einer Wiese, zeigt dieses Spiel, bei dem ein flinkes Auge und eine schnelle Hand gefragt sind.
Jedes Kind erhält vier Knöpfe. Einen knüpft es an einen armlangen Bindfaden, die anderen drei sind Spielgeld. Ein Kind wird zum Fänger bestimmt. Es erhält Würfel und Würfelbecher. Alle Spieler, mit Ausnahme des Fängers, legen ihre angebundenen Knöpfe in der Tischmitte zusammen und halten das Ende ihrer Schnur fest. Der Fänger beginnt zu würfeln. Sobald er eine 1 oder eine 6 wirft, versucht er, den Würfelbecher über die Knöpfe in der Tischmitte zu stülpen. Die anderen Spieler passen natürlich auf wie die Luchse, welche Zahl geworfen

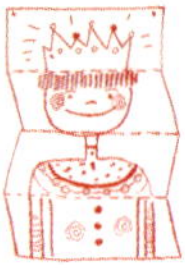

wurde, und ziehen ihre Knöpfe bei einer 1 oder 6 blitzartig mit der Schnur zurück. Ein Kind, dessen Knopf trotzdem gefangen wurde, muss einen seiner losen Knöpfe abgeben. Das Gleiche gilt, wenn ein Kind seinen Knopf auch bei einer anderen Zahl wegzieht. Wer keine Knöpfe mehr hat, scheidet aus. Das Kind, das zuletzt übrig bleibt, darf in der neuen Runde den Fänger spielen.

DAS WAHRHEITSSPIEL

Spieler: mindestens 4
Material: Augenbinde

Ein Kind steht mit verbundenen Augen im Kreis. Ein anderes Kind wird als Fragesteller bestimmt. Ihm flüstern die anderen Kinder Fragen ins Ohr, die es dem Kind im Kreis stellen soll. Das Kind in der Mitte muss darauf wahrheitsgemäß antworten. Nach jeder Antwort darf es raten, welches Kind ihm die Frage gestellt hat. Rät es richtig, ist es erlöst und darf zugleich dem fragenden Kind eine Aufgabe aufgeben. Klar, dass die Aufgabe umso schwieriger wird, je gemeiner die gestellte Frage war. Hat es seine Aufgabe erledigt, darf das »gestrafte« Kind in den Kreis. Nicht erratene Fragesteller bleiben selbstverständlich geheim.

DIE REISE NACH PARIS

Spieler: mindestens 3
Material: keines

Der besondere Reiz bei diesem Spiel ist, dass zunächst niemand weiß, worum es geht. Doch schon bald geht einem nach dem anderen buchstäblich ein Licht auf.
Ein Kind spielt den Wortführer: Es denkt sich eine ganz bestimmte Eigenschaft von Wörtern aus, die es im Laufe des

Spieles zu entdecken gilt. Das Kind beginnt, indem es beispielsweise sagt: »Ich fahre nach Paris und nehme meinen Schulranzen mit.« Darauf ist das nächste Kind an der Reihe. Es sagt: »Ich fahre nach Paris und nehme ein Hemd mit.« Doch der Wortführer ist damit nicht einverstanden und sagt: »Das brauchst du in Paris nicht.« Das nächste Kind sagt: »Ich fahre nach Paris und nehme Schuhe mit.« Worauf der Wortführer begeistert antwortet: »Prima, genau die brauchst du in Paris.« Denn die gesuchte Eigenschaft, die er sich ausgedacht hat, sind Wörter mit »Sch«. Im Verlauf des Spiels werden einige Spieler zunächst zufällig und dann immer bewusster passende Dinge nennen, die sie mit nach Paris nehmen wollen. Allerdings darf derjenige, dem ein Licht aufgegangen ist, natürlich nicht mit der Lösung herausplatzen, sondern kann sich in verschwörerischem Einverständnis mit dem Wortführer an der Unkenntnis der anderen vergnügen.
Hier ein paar Ideen für Eigenschaften: nur rote Sachen; nur Dinge zum Kochen; nur Essbares; nur Sachen aus Leder; nur Gegenstände, die im Zimmer sind; nur Dinge, die elektrisch angetrieben werden.

EINE LANGE GESCHICHTE

Spieler: mindestens 3
Material: Papier und Bleistift für jeden Spieler

Wer erzählt uns die Geschichte vom Pferd? Nun, reihum darf jedes Kind eine solch abenteuerliche Geschichte erzählen. Bevor jedoch ein Kind zu erzählen beginnt, sagt es uns, wovon seine Erzählung handeln wird. Darauf schreibt jedes Kind einen dazu passenden Begriff auf seinen Zettel und dreht ihn um. Dann darf das Kind mit seiner Geschichte loslegen. Sobald es einen Begriff erwähnt, den ein Kind auf seinen Zettel schrieb, setzt sich das betreffende Kind unter den Tisch. Das erzählende Kind darf seine Geschichte so lange fortspinnen, bis es auch das letzte Kind unter den Tisch geredet hat.

FAHNDUNGSFOTO

Spieler: mindestens 3
Material: Papier und Stift für jeden Spieler

Ein Kind erzählt eine kleine Geschichte. Vielleicht den Traum von letzter Nacht, als es auf dem Rücken eines Drachens ins Zauberland flog. Es beschreibt dabei den Drachen in den schillerndsten Farben. Die anderen Kinder hören ihm genau zu. Denn ihre Aufgabe ist es, am Ende der Geschichte ein Bild von dem Drachen zu malen. Haben alle Kinder ihr Bild fertig, sammelt das erzählende Kind die Zeichnungen ein und bestimmt das Bild, auf dem es am ehesten den Drachen erkennt, der es letzte Nacht im Traum beschützt hat. Reihum darf jedes Kind eine Geschichte erzählen und dabei Menschen, Fabelwesen, Tiere, Fluggeräte, Fahrzeuge, Schlösser, Burgen und anderes mehr beschreiben, die dann von den anderen Kindern gezeichnet werden.

TAFELBILDER

Spieler: mindestens 3
Material: Papier, Packpapier, Malkreide

Hier zwei Beispiele, wie alle Kinder zusammen malen können.

Beim **Klappbild** erhält jedes Kind ein Blatt Papier. Bevor es losgeht, einigen sich alle darauf, was gemalt werden soll: Vielleicht ein Hund, ein Elefant, ein Hochhaus, eine Braut oder ein Wanderer. Nun falten alle ihr Papier dreimal, klappen es wieder auf und beginnen zu malen. Jedes Kind malt denselben Teil der Figur. Soll beispielsweise ein Hochhaus gemalt werden, beginnen alle mit dem Eingang. Er wird auf das untere Drittel des Blattes gezeichnet. Sind alle fertig, wird dieser Teil zurückgeklappt. Zuvor aber ziehen alle noch die Verbindungslinie hinauf in das zweite Blattdrittel. Nun schiebt

jedes Kind sein Blatt seinem Nachbarn zu. Jetzt sind die Etagen des Hauses an der Reihe. Dann wird das Blatt erneut gefaltet und weiter geschoben. Jetzt malen alle in das letzte Drittel das Dachgeschoß. Sind alle fertig, werden die Blätter aufgefaltet und die Kunstwerke bewundert.

Ein großes **Tafelbild** malen alle Kinder gleichzeitig zusammen. Dafür wird ein großer Bogen Packpapier ausgelegt und mit einem Stift in so viele Ausschnitte geteilt, wie Kinder mitmalen. Jedes Kind darf nun in seinen Ausschnitt ein Bild malen. Gleichzeitig sieht jedes Kind, was die anderen Kinder

neben ihm malen. So können sie ihre Bilder miteinander abstimmen, damit sie trotz unterschiedlicher Motive ineinander übergehen.

MEIN SCHIFF SEGELT DAVON

Spieler: 5–7
Material: Ein großes Kartenspiel (52 Blatt), Bonbons als Spielmarken, rußiger Korken

Dieses Spiel macht besonders viel Spaß, wenn es zügig gespielt wird. Jedem Kind werden sieben Karten einzeln zugeteilt, die es zu einem Fächer aufnimmt. Die restlichen Karten werden zur Seite gelegt. In der Mitte des Tisches liegen Bonbons als Spielmarken, und zwar zwei Bonbons weniger als Kinder mitspielen.
Die Aufgabe jedes Spielers ist es, sieben Karten einer Farbe zu sammeln. Dazu ziehen alle Kinder gleichzeitig eine Karte aus ihrem Fächer, die sie nicht gebrauchen können, und schieben sie verdeckt ihrem Nachbarn zur Rechten zu. Die ihm zugeschobene Karte nimmt jeder Spieler in seinen Fächer auf. Danach schieben wieder alle gemeinsam eine Karte weiter. So geht das Spiel fort, bis ein Kind sieben Karten von einer Farbe in seinem Fächer sammeln konnte. Es darf nun seine Karten mit der Bemerkung: »Mein Schiff segelt davon!« auf den Tisch werfen. Die anderen Kinder müssen darauf schnell in die Tischmitte greifen und sich ein Bonbon schnappen. Ein Kind wird dabei leer ausgehen. Ihm wird mit dem rußigen Korken die Nase geschwärzt. Haben alle Kinder eine schwarze Nase, können sie sich gemeinsam ein neues Spiel überlegen.

TOD UND LEBEN

Spieler: mindestens 3
Material: großes Kartenspiel (52 Blatt), Spielmarken für jeden Spieler

Mit diesem uralten Kartenspiel haben sich schon viele Generationen vergnügt. Je größer die Runde, umso turbulenter das Spiel. Und sollte ein Packen Spielkarten nicht ausreichen, dürfen Sie ruhig noch einen zweiten dazumischen.
Gespielt wird gegen den Uhrzeigersinn! Jeder Spieler erhält eine Karte. Die restlichen Karten kommen als verdeckter Talon in die Tischmitte. Die höchste Karte ist der König, die niedrigste das Ass, es zählt ein Auge. Dem Geben folgt reihum eine Tauschrunde. Sinn der Tauschrunde ist es, eine niedrige Karte loszuwerden; denn die niedrigste Karte verliert die Runde. Der Kartengeber darf mit dem Tauschen beginnen. Wer mit seiner Karte zufrieden ist, muss kein Tauschangebot machen. Ein Tauschangebot darf immer nur dem Nachbarn zur Rechten gemacht werden. Dazu schiebt man ihm die eigene Karte zu. Der aufgeforderte Spieler muss daraufhin seine Karte eintauschen; es sei denn, er hat einen König. Mit einem König in der Hand, darf er nämlich einen Tausch ablehnen. In diesem Fall sagt er: »Hoppla, etwas mehr Achtung vor dem König!« und legt seine Karte offen vor sich hin. Ist die Tauschrunde wieder beim Geber angelangt, zeigt jeder Spieler seine Karte vor. Das Kind mit der niedrigsten Karte muss eine Spielmarke in den Pott geben. Nur für das Pik-Ass müssen zwei Marken bezahlt werden. Zeigen zwei oder mehr Kinder gleich niedrige Karten vor, muss jedes von ihnen eine Marke abgeben.
Eine Ausnahme gilt für den Geber. Ist seine Karte beim Vorzeigen die niedrigste, darf er ersatzweise die oberste Karte vom Talon ziehen und auslegen. Es bezahlt das Kind eine Marke, das dann die niedrigste Karte hat. Manchmal ist dies zur Freude aller wiederum der Geber.
Danach darf das nächste Kind in der Reihe jedem Spieler zur neuen Runde eine Karte vom Packen zuteilen.

Die ausgespielten Karten bleiben offen liegen, bis der Packen aufgebraucht ist. Erst dann werden sie zusammengeworfen, gemischt und neu verteilt.
Ein Kind, das seine letzte Spielmarke in den Pott gegeben hat, ist »tot«. Es bleibt aber am Tisch sitzen; denn wird ihm aus Versehen eine Karte zugeteilt oder eine zum Tausch zugeschoben, wird es wieder »lebendig«. Der Spieler, dem ein solcher Fehler unterlief, muss ihm dafür eine von seinen Marken abgeben.
Gewonnen hat das Spiel, wer am Ende als Einziger noch »lebt«, das heißt noch Spielmarken in seiner Kasse hat.

RAUF UND RUNTER

Spieler: mindestens 3
Material: großes Kartenspiel (52 Blatt)

Mit »Rauf und Runter« lernen Kinder spielend die Grundzüge des Kartenspiels. Dazu muss jeder Spieler vor jeder Spielrunde voraussagen, wie viel Stiche er machen wird. Folglich macht, wer seine Spielstärke richtig einschätzen kann, auch Punkte. Aber auch wer sich verschätzt, hat noch die Chance, seinen Fehler mit vielen Stichen wieder gutzumachen. Die höchste Karte ist das Ass, dann folgen Zehn, König, Dame, Bube, Neun und weiter hinab bis zur Zwei.
Ein Spieler wird zum Aufschreiber bestimmt. In der ersten Runde wird jedem Spieler vom Geber eine Karte zugeteilt. Runde für Runde erhält jeder Spieler eine Karte mehr, bis schließlich jeder Teilnehmer zehn Karten erhält. Danach wird pro Runde immer eine Karte weniger ausgegeben, bis schließlich in der letzten Runde jeder Spieler nur noch eine Karte erhält. Ein Spiel besteht folglich aus 19 Runden.
Spielen mehr als fünf Spieler mit, werden entsprechend weniger Runden gespielt. Vor jedem Verteilen hebt der Geber den Packen ab und zeigt die unterste Karte der abgehobenen Karten vor. Diese Karte zeigt die Trumpffarbe an. Karten mit dieser Farbe stehen also über allen anderen Karten.

Bevor zum ersten Stich ausgespielt wird, sagt jeder Spieler an, wie viele Stiche er zu machen glaubt. Der Aufschreiber schreibt die Stichansagen auf. Danach spielt der Spieler links vom Geber zum ersten Stich aus. Reihum gibt jeder Teilnehmer eine Karte in den Stich. Wer eine Karte der gleichen Farbe besitzt, muss sie ausspielen. Wer die ausgespielte Farbe nicht bedienen kann, darf eine andere Farbe abspielen oder mit Trumpf stechen. Es muss jedoch nicht überboten werden. Wer die höchste Karte abspielen konnte, gewinnt den Stich und spielt zum nächsten Stich aus.
Nach jeder Runde vergleicht der Aufschreiber die gemachten Stiche jedes Spielers mit dessen Ansage und verteilt die Punkte:

- 5 Punkte gibt er für jeden gemachten Stich.
- 10 Punkte schreibt er zusätzlich für jede richtige Ansage auf.
- 10 Minuspunkte gibt es für eine falsche Ansage.

Nach einer Runde gibt der Spieler links vom letzten Geber zur nächsten Runde aus. Das Spiel gewinnt, wer am Ende die meisten Punkte verbuchen konnte. – Übrigens gewinnen beim »Rauf und Runter« meistens die Spieler, die häufiger als andere »keinen Stich« ansagen.

ABSCHIEDSSPIELE

Zum Schluss noch ein paar Vorschläge für schöne Abschiedsspiele, mit denen ein Kinderfest ausklingen kann. Am Ende stehen alle vor der Tür und werden nach Hause gebracht.

Für das **Kutscherspiel** stellen sich die Kinder im Kreis auf. Reihum denkt sich jedes Kind einen Namen aus, mit dem es sich anschließend vorstellt. Das erste Kind versucht darauf, die »neuen« Namen der Kinder reihum

zu wiederholen. Jedes Kind, das richtig genannt wurde, setzt sich auf den Boden. Konnten sich nicht alle Kinder setzen, gibt es eine neue Vorstellungsrunde und das nächste Kind ist an der Reihe, die Namen aufzuzählen. Dies wird so lange fortgesetzt, bis alle Kinder am Boden sitzen. Dann rufen alle gemeinsam »Die Kutsche ist voll!« und laufen zur Tür hinaus.

■ Der **Handschuhtrick** ist ein winterliches Abschiedsspiel. Sagen Sie zu einem Kind, dass es sich seine Handschuhe nicht allein anziehen kann. Das wird es natürlich heftig bestreiten. Also soll es im Zimmer warten, während sich die anderen Kinder in der Diele versammeln. Dort halten die Kinder ihre Handschuhe bereit, bevor sie das andere Kind zu sich rufen. Will es nun seine Handschuhe anziehen, ziehen sich alle anderen auch die Handschuhe an!

■ **Zur Türe hinaus würfeln** spielt sich am besten mit einem großen Schaumstoffwürfel. Ein Kind nach dem anderen wirft den Würfel in die Kreismitte. Die geworfene Augenzahl zählt es daraufhin reihum ab, und das ausgezählte Kind verlässt den Raum. Das Kind, das zuletzt übrig bleibt, darf schließlich die anderen Kinder zum Haus hinaustreiben.

■ Beim **Fünf-Minuten-Spiel** wird den Kindern zur Aufgabe gemacht, genau in fünf Minuten in die Diele zu kommen. Nachdem Sie das Kommando »Die Zeit läuft!« gegeben haben, warten die Kinder alleine ohne Uhr im Zimmer. Glaubt ein Kind, dass die Zeit verstrichen sei, geht es zu Ihnen in den Eingang und sagt: »Die Zeit ist um!« – Sobald fünf Minuten um sind, dürfte kaum noch ein Kind im Zimmer sein.

Zum Schluß dieser Spielesammlung noch ein paar **Abzählreime** mit denen viele Spiele beginnen können:

Mein Finger geht im Kreise
auf eine kurze Reise.
Und bleibt mein Finger stehen,
darfst du gehen

Raffelzahnvampir, das eine sag ich dir:
Beißt du mich, werd ich dir zur Plage,
weil ich dich auf Knoblauchzehen jage.

Ene mene dubedene
dubedene dalia
akamakasensia
bia bia buff.

Eins, zwei, drei, vier, fünf und zehn,
mein Computer mag nicht zähl'n.
Vier, fünf, sechs und zehn und zehn,
weil ihm so viel Zahlen fehl'n.

Ich leb' in Saus und Braus
und hau mein Geld hinaus.
Ich denk' mir nichts dabei
und du bist frei.

Das ist mein Apfel,
und das ist mein Birn,
willst du mich fangen,
musst du dich rühr'n!

Ene mene mopel, wer frisst Popel?
Süß und saftig, einen Euro achtzig,
einen Euro zehn, und du kannst geh'n!

Bibliografische Information Der Deutschen Bibliothek
Die Deutsche Bibliothek verzeichnet diese Publikation in der Deutschen Nationalbibliografie; detaillierte bibliografische Daten sind im Internet über http://dnb.ddb.de abrufbar.

Umschlagkonzeption: ZERO Werbeagentur, München
Umschlaglayout und -herstellung: ZERO Werbeagentur, München
Umschlagfoto: Alexandre/f1 online

Projektleitung: Annett Wagner
Lektorat: Sabine Fels
Illustrationen: Kristina Heinemann, Oberriexingen
Satz, Layout und Herstellung: Hartmut Czauderna, München
Druck und Bindung: Appl, Wemding

ISBN 3-426-64263-8
Printed in Germany

05 04 03 02 01

Bitte besuchen Sie uns im Internet:
www.knaur-ratgeber.de